以《义务教育语文课程标准（2022年版）》为蓝本

从语文课标到语文课堂

CONG YUWEN KEBIAO DAO YUWEN KETANG

吴再柱 著

山东城市出版传媒集团·济南出版社

图书在版编目（CIP）数据

从语文课标到语文课堂/吴再柱著.—济南：济南出版社,2023.9
ISBN 978-7-5488-5383-1

Ⅰ.①从… Ⅱ.①吴… Ⅲ.①语文课－教学研究－中小学 Ⅳ.①G633.302

中国国家版本馆 CIP 数据核字（2023）第 178239 号

从语文课标到语文课堂
吴再柱/著

出 版 人	田俊林
责任编辑	张慧敏
装帧设计	陈致宇

出版发行	济南出版社
地　　址	济南市二环南路 1 号（250002）
印　　刷	济南申汇印务有限责任公司
版　　次	2023 年 9 月第 1 版
印　　次	2023 年 9 月第 1 次印刷
成品尺寸	170mm × 240mm　16 开
印　　张	14
字　　数	163 千
定　　价	49.00 元

（济南版图书，如有印装错误，请与出版社联系调换。 联系电话：0531－86131736）

奔向愈加光明的未来 彭 笠

序

鲁迅先生说:"我们从古以来就有埋头苦干的人,有拼命硬干的人,有为民请命的人,有舍身求法的人——这就是中国的脊梁。"我所认识的柱子老师就是"埋头苦干"且"拼命硬干"的"中国的脊梁"之一。

说他"埋头苦干",是他作为一线教师,著作居然有七部!从著书开始,几乎平均每两年一部,带课、带培训、参加各种活动、撰写零星的论文,不"埋头苦干",七部著作难以问世。

说他"拼命硬干",是他从民办教师起步,到特级教师、正高级教师,到湖北师范大学、黄冈师范学院特聘国培专家,再到教育硕士研究生导师,这一路"跳龙门"似的飞跃,非拼命硬干,也难以有如此经历。

他的经历我已然熟悉,但对他的著作,因时间与精力关系,并没有一一拜读。此次趁《从语文课标到语文课堂》出版在即,我将他寄给我的七部著作一一排开——

《我教语文的感觉》(2009)

《乡村教师突围》(2014)

《公民教育与现代学校》(2016)

《特级教师陪你读名著》(2020)

《乡村少年成长密码》(2020)

《卓越教师的成长特质》(2022)

《从语文课标到语文课堂》(2023)

我从中发现了一个有趣的现象——那就是,柱子老师渐渐隐去,转而凸现出一位学者,至于这位学者是柱子还是梁子,似乎看不到(因为科学本身既没有姓名,也不与谁有血缘的关系)。此其一。其二,著作的感性部分渐渐蜕化，理性逐渐抬头。从作为个体的直观体验，即"我"教语文的"感觉"，到将"我"去除个性，只作为一个"乡村教师""特级教师""卓越教师"，去讲述经历、去示范教学、去总结经验，最终到无"我"亦无身份象征的纯粹客观理性的"语文课标"和"语文课堂"，个体的感性体验不再，取而代之的是旁观思考的大脑。

多年的编辑工作经验使我立即发觉，这样的现象或者说过程，正代表了大多数人发表论文的过程，或者换而言之，是大多数人学术成长的必然趋势。

工作中，编辑常碰到起手就是人名术语满屏飞的新作者的理论稿件，相反，许多熟识的作者，稿件倒还大多是踏踏实实的"个体"的"感觉"之作。与此同时，新作者的理论稿件一投不中，往往即不再投，而熟识的作者之所以熟识，正是因为他们被退稿之后还会继续投。他们所写作的论文，是真正有感而发，或是自己解决了一个教学困惑，或是经过资料收集与整理完成了对文本的深读精研，或是对某一教学经验做过验证。在经历一段时间的感性之作后，他们会在数量的积累中发现自己擅长什么，不擅长什么，继而找到自己的研究方向和研究领域，从广到深，在梳理与整合的过程中，挖掘对应的理论，自然而然地产生与理论的对接，论文发表的频率自然上来了，与编辑也渐渐熟悉起来。

许多老师苦恼自己的论文总是没有理论的支撑，其实是因为缺乏长时间的实践输出。请注意，我说的是实践输出，而非实践积累。因为仅有积累是不够的，还必须经过输出才能分类化、系统化，继而概念化，最开始是点滴化、片段化，之后才能论文化，最后专著化。

柱子老师的写作历程，清晰地印证了这一规律。

他从村小民办教师，到乡镇初中教师，到副校长，一步一个脚印地输入与输出，最终成就了今天的学者型教师。对于"埋头苦干"且"拼命硬干"的他来说，这是必然摘取的果实，我由衷地替他感到欣慰与喜悦。

然而，对他个人的欣慰与喜悦，仍不足以表达我看到此部《从语文课标到语文课堂》的心情。作为编辑，面对全国优秀一线语文教师的稿件，管中窥豹，总是能看到一点中国语文教育前进的端倪。

众所周知，课改虽然已有几十年，但很长一段时间以来仍纠结于模式，纠结于性质，纠结于教与学、教师与学生、教材与学材之间的相爱相杀，却唯独忘记了"语文"的出身。

"语文"作为一门学科名称虽然诞生于1949年，但它的前身——汉语的"母语教育"，早在我们的祖先茹毛饮血时代就已经萌芽，并不断与我们的文明一同进化。一个人从出生，到能与本民族的人顺利沟通，到习得如何生活，如何记事记言，如何向心爱的人表达情感，如何将自己的经验传授给下一代，无一例外，都要依靠本民族的语言。我们把教育叫作"开蒙"，正是因为教育使懵懂的孩子开始认识他人，认识社会，认识世界。而"开蒙"课，便从母语的识字开始。之后各学科的相继引入，究其实也仍是与母语不断地碰撞、学习和融合。在这样的教育过程中，每一个人都成为本民族文化的创造者与传承者，成为民族的接班人。然而长期以来，我们却忽视了母语这种厚重的承载，只关注"语文"作为一门学科的技能——听说读写，这是对母语教育的严重窄化。

"语文"与母语教育，同出而异名，都是国民对民族文化的继承与创造，承载着国民对民族成长和国家发展的自觉延续。

柱子老师一直在一线耕耘、教学、写作，他的关注点未曾离开学生、离开讲台。应该说，他的关注点，很大程度上能够代表中国绝大多数的一线教师。因此当我看到《从语文课标到语文课堂》的开篇即是文化自信的时候，另一层欣慰与喜悦油然而生。

这种欣慰与喜悦，跨越对吴老师个人成就的达成，跃升为以柱子老师为代表的一线教师的文化觉醒带来的对中国教育乃至中国未来的信心——如果每一个在学校受教育的孩子都能够在语文教师潜移默化的文化自信引领中明白自身对文化构成的重要性，在基础教育阶段对中国文化产生根深蒂固的信赖与尊敬，那么他将燃起为国为民学习的热情，而这样的热情，将为语文学习、终身学习打下坚实而牢固的基础，为民族血脉延续注入生生不息的活力。

吴再柱老师在谈到自己的从教经历时，说自己的动力是"跳出农门"。我倒觉得吴老师似乎一直没有跳出去，并非跳不出去，而是他潜意识中就从未想过要离开这片土地，离开生他养他的鄂东土地，离开育他培他的讲台这方寸土地。哪有"跳出农门"还离不开土的呢？他的双脚与信仰一直踩实在坚实的土地上，为此他才能一直生长抽枝，直至茁壮如斯。这样扎根土地的执着，也许和他出身农村有关，但结合此次出版的《从语文课标到语文课堂》，我想和他对语文、对母语教育的深刻认知更加相关。

而中国，正是因为这许许多多"埋头苦干"且"拼命硬干"的柱子老师，教育才不断奔向希望，中华民族才不断奔向愈加光明的未来。

2023 年 8 月

（作者彭笠，系《语文教学通讯·初中刊》主编）

目 录

序·奔向愈加光明的未来/彭笠　1

印象·2022 年新课标　1

第一章　语文教师与核心素养　7
"核心素养"的前世今生　8
文化自信：作为中国人的精神底座　12
语言运用：作为语文人的看家本领　16
思维能力：作为教育者的立身之本　20
审美创造：作为自然人的精神追求　27
综合体现：作为新教师的发展方向　34

第二章　中华文化与语文教育　39
中华优秀传统文化与语文教育　40
革命文化与语文教育　49
社会主义先进文化作品与语文教育　57
外国选文与语文核心素养　64

第三章 学习任务群与语文教育　72

　　我对"学习任务群"的基本理解　73
　　请勿轻言"大单元教学"　80
　　如何打好"语言文字积累与梳理"这个基础　87
　　"实用性阅读与交流"学习任务群例谈　94
　　"文学阅读与创意表达"学习任务群例谈　101
　　"思辨性阅读与表达"学习任务群例谈　109
　　"整本书阅读"学习任务群例谈　117
　　"跨学科学习"学习任务群例谈　131

第四章 学业质量与教学评价　*141*

　　语文课程应有的学业质量观　142
　　如何创设真实而富有意义的语文学习情境　152
　　如何融合互联网培养学生的语文核心素养　160
　　学段视角下的"教—学—评"一体化例谈　169
　　单元视角下的"教—学—评"一体化例谈　178
　　单篇视角下的"教—学—评"一体化例谈　190
　　习作视角下的"教—学—评"一体化例谈　198

跋：从"学情"出发，把语文教"活"　209

印象·2022年新课标

总有一种期待，让人望眼欲穿；总有一种遇见，让人怦然心动；总有一种"标准"，让人热血沸腾。

▇我为何如此盼望"标准"

《义务教育课程方案和课程标准（2022年版）》终于在2022年谷雨时节正式颁布。

我对"方案"和"标准"的盼望，主要源于四点：

一是统编本语文教材使用了几轮，但在很长时间里依托的课程标准，还是2001年或2011年的版本，其中关于"整本书阅读"的表述几乎没有；

二是《高中语文课程标准（2017年版）》也已使用多年，其中的"核心素养""任务群"等名词术语，很新鲜，很诱人，但与义务教育又有一定的距离；

三是从2021年下半年开始，网络上便陆续有专家教授在谈论着"2022年新课标"，这很是吊人胃口；

四是2022年开年后，我网购了一整套《于漪全集》，22本，我想以此作为参照，作为铺垫，作为辅导读本，以便更好地理解最新版本的课程标准。截至我作此文之日，这套《于漪全集》我已经阅读了一大半。

于是，当《义务教育课程方案和课程标准（2022年版）》一经公布，我几乎是在第一时间里，便迫不及待地下载、打印，之后便如饿狼扑食般地阅读《义务教育课程方案（2022年版）》（以下简称《课程方案（2022）》）和《义务教育语文课程标准（2022年版）》（以下简称《语文课程标准（2022）》）。

《课程方案（2022）》和《语文课程标准（2022）》给我带来的冲击波，

远远超过我的期望值。它虽不至于让我"怀疑人生",但却是让我一阵阵地"热血沸腾"。

这种"热血沸腾",最重要的就是其中的"文化自信"。

关于"文化自信",《语文课程标准(2022)》在"核心素养内涵"一节中,这样提出:"义务教育语文课程培养的核心素养,是学生在积极的语言实践活动中积累、建构并在真实的语言运用情境中表现出来的,是文化自信和语言运用、思维能力、审美创造的综合体现。"

《语文课程标准(2022)》关于语文课程"核心素养"的这一定义,让我们看到,"文化自信"与另三项素养之间,不仅仅是一种并列关系,更是一种统领与被统领的关系。

高中语文的核心素养也包括四项,但其表述是:"主要包括'语言建构与运用''思维发展与品质''文化传承与理解''审美鉴赏与创造'四个方面"。

两种表述的关键词都是"文化""语言""思维""审美",但除位置做了调整外,"文化自信"四字更有冲击力,更有自信心,也更让我们有了使命感。

培养"有理想、有本领、有担当"的时代新人

这种"文化自信"在《语文课程标准(2022)》里,从前言到正文,几乎每一章节都有充分体现。下面,笔者结合具体条文,略作说明。

在"指导思想"中,《语文课程标准(2022)》旗帜鲜明地指出:"以习近平新时代中国特色社会主义思想为指导,全面贯彻党的教育方针,遵循教育教学规律,落实立德树人根本任务,发展素质教育。"还有"以人民为中心,扎根中国大地办教育""努力构建具有中国特色、世界水准的义务教育课程体系""聚焦中国学生发展核心素养"等表述,让人心潮澎湃。因为,其中的每一句话,都充满了文化自信。

新时代党的教育方针是什么？《中华人民共和国教育法（2021年修订）》第五条指出："教育必须为社会主义现代化建设服务、为人民服务，必须与生产劳动和社会实践相结合，培养德智体美劳全面发展的社会主义建设者和接班人。"党的教育方针从根本上回答了"为谁培养人""怎样培养人""培养什么人"这"教育三问"。

关于"培养什么人"，《课程方案（2022）》和《语文课程标准（2022）》进一步明确，要培养担当民族复兴大任的时代新人，培养有理想、有本领、有担当的时代新人。

要培养有理想、有本领、有担当的时代新人，而不是培养"分数满当当、脑袋空荡荡"的信仰空虚者，也不是培养"长着中国脸，不是中国心，没有中国情，缺少中国味"的异类接班人，因此，义务教育必须在"坚定理想信念、厚植爱国主义情怀、加强品德修养、增长知识见识、培养奋斗精神、增强综合素质"上下功夫。这将成为新时代教育的重大命题，也将成为新时代教育的神圣使命。

何谓"文化自信"

何谓"文化自信"？《语文课程标准（2022）》这样阐释：

> 文化自信是指学生认同中华文化，对中华文化的生命力有坚定信心。通过语文学习，热爱国家通用语言文字，热爱中华文化，继承和弘扬中华优秀传统文化、革命文化、社会主义先进文化，关注和参与当代文化生活，初步了解和借鉴人类文明优秀成果，具有比较开阔的文化视野和一定的文化底蕴。

简单地说，文化自信，就是要增强和保持"中华优秀传统文化""革命文化""社会主义先进文化"这三类文化的自信。

关于"文化自信",在《语文课程标准(2022)》的"总目标"和"学段要求"中均有具体说明。比如"总目标"这样描述:

1. 在语文学习过程中,培养爱国主义、集体主义、社会主义思想道德,逐步形成正确的世界观、人生观、价值观。

2. 热爱国家通用语言文字,感受语言文字及作品的独特价值,认识中华文化的丰厚博大,汲取智慧,弘扬社会主义先进文化、革命文化、中华优秀传统文化,建立文化自信。

3. 关心社会文化生活,积极参与和组织校园、社区等文化活动,发展交流、合作、探究等实践能力,增强社会责任意识。感受多种文化,吸收人类优秀文化的精华。

笔者尝试将上面三项目标,分别用一个短语来概括,这便是"语文学习与文化自信""语言文字与文化自信""文化生活与文化自信"。

继承和弘扬中华优秀传统文化、革命文化、社会主义先进文化,并不意味着拒绝"外来文化",而是"初步了解和借鉴人类文明优秀成果",海纳百川,取其精华,像鲁迅先生在《拿来主义》一文中所说的那样,"运用脑髓,放出眼光,自己来拿";拿来之后,"或使用,或存放,或毁灭"。这样,我们便有了更为开放的文化心态,更为开阔的文化视野,更为丰厚的文化底蕴。

这同样是一种"文化自信",一种以我为主的文化自信,一种兼容并蓄的文化自信,一种与时俱进的文化自信。

■ 从课标,到课本,到课堂

《语文课程标准(2022)》在"课程内容"里,对中华优秀传统文化、革命文化、社会主义先进文化的主题与载体形式,有明确的指导意见。

比如关于中华优秀传统文化,其确定的内容主题有三大方面:一是弘扬讲仁爱、重民本、守诚信、崇正义、尚和合、求大同等核心思想理念；二是弘扬有利于促进社会和谐、鼓励人们向上向善的中华人文精神；三是弘扬自强不息、敬业乐群、扶危济困、见义勇为、孝老爱亲等中华传统美德。

教育是什么？教育就是"教天地人事，育生命自觉"（叶澜）。如何将"三大文化"从课标走向课本再走向课堂？《语文课程标准（2022）》按照内容整合程度，分三个层面设置六个任务群。具体如表所示：

层面	学习任务群
第一层"基础性学习任务群"	语言文字积累与梳理
第二层"发展型学习任务群"	实用性阅读与交流 文学阅读与创意表达 思辨性阅读与表达
第三层"拓展型学习任务群"	整本书阅读 跨学科学习

针对每个学习任务群，每个学段，《语文课程标准（2022）》均有明确的指导意见，并在"课程实施"一章提出了四个方面的教学建议：

一是立足核心素养，彰显教学目标以文化人的育人导向；

二是体现语文学习任务群特点，整体规划学习内容；

三是创设真实而富有意义的学习情境，凸显语文学习的实践性；

四是关注互联网时代语文生活的变化，探索语文教与学方式的变革。

"纸上得来终觉浅，绝知此事要躬行。"若要将语文课程理念、核心素养、学段要求等一一落实到位，并切实提升学生的语文素养，需要我们学习学习再学习、探索探索再探索。

文化自信，首先是教育自信

于漪老师曾多次呼吁，"坚持有中国特色的教育发展道路""创建有中国特色的教育学""以教育自信创建自信的教育"等。

于漪老师说，从教以来，这种想法越来越强烈，那就是："中国一定要有自己的教育学，在世界上要有教育的话语权。"创建有中国特色的教育学，要"彰显中国教育工作者的志气，中国教育的尊严"。笔者深以为然。

今天，摆在我们面前的《语文课程标准（2022）》，在我看来，就是一种文化自信，也是一种教育自信。

扎根中国办教育，坚持自信搞教学，需要我们立足当下，一眼看历史，一眼看未来。也就是说，我们要善于从中国历代教育名家身上吸收思想养料，并切实"面向现代化、面向世界、面向未来"进行教育教学。比如，以人为本，因材施教；不愤不启，不悱不发；思想自由，兼容并包；为天地立心，为生民立命，为往圣继绝学，为万世开太平；等等。

自我感觉，从教三十多年来，我最为受益的是陶行知"教学做合一"教学理念。无论是听说读写，还是核心素养——"先生的责任在教学生学""先生教的法子必须根据学的法子""先生须一面教一面学"[①]"教的法子要根据学的法子，学的法子要根据做的法子"[②]——这与《课程方案（2022）》所提出的"做中学""用中学""创中学"育人方式，不正好异曲同工吗？

标准有何用？从社会学来说，有什么样的标准，就有什么样的服务；从制造业来说，有什么样的标准，就有什么样的产品；从教育学来说，有什么样的标准，就有什么样的课程，什么样的学生，什么样的人才。

我想，只要我们带着责任学好课标，带着自信用好语文，带着感情教好语文，浇花浇根，育人育心，我们就一定能够培养出一大批有理想、有本领、有担当的时代新人。

[①] 方明. 陶行知教育名篇［M］. 北京：教育科学出版社，2005.
[②] 方明. 陶行知教育名篇［M］. 北京：教育科学出版社，2005.

第一章
语文教师与核心素养

"核心素养"的前世今生

在《课程方案（2022）》中，关于"课程标准"首先强化了课程育人导向：

> 各课程标准基于义务教育培养目标，将党的教育方针具体化细化为本课程应着力培养的核心素养，体现正确价值观、必备品格和关键能力的培养要求。

在此导向下，各学科课程都必须"围绕核心素养，体现课程性质，反映课程理念，确立课程目标"。

一、国际视野下的"核心素养"

综合网络资料，我们可以看到，世界经济合作与发展组织（OECD）于1997年就启动了21世纪核心素养框架的研制工作，于2005年发布其《素养的界定与遴选》报告。

该报告以实现个人成功生活与发展健全社会为基础，将核心素养划分为"能互动地使用工具""能在社会异质群体中互动""能主动地行动"三个类别，并相对应地提出了"互动地使用语言、符号及文本的能力""与他人建立良好关系的能力""在复杂大环境中行动的能力"等九种能力。

2002年，美国正式启动21世纪核心技能研究项目，努力探寻可让学生获得成功的技能，并建立21世纪技能框架体系，主要包括"学习与创新技能""信息、媒体与技术技能""生活与职业技能"三个方面。

2005年，欧盟正式发布《核心素养：欧洲参考框架》，旨在以此推进各成员国国民终身学习。它包括"母语交流能力""外语交流能力""数学素养与科技素养""数字素养"等八项核心素养，并将每一素养从知识、技能与态度三个维度进行具体描述。

2010年3月，新加坡教育部颁布了新加坡学生的"21世纪素养"框架。该框架由内到外共包含三部分内容，即"核心价值观""社交与情绪管理技能"以及"21世纪技能"。

"核心素养"理论的出现，标志着教育从"知识本位"走向"素养本位"。了解国际视野下的"核心素养"，一方面可以吸收别人先进的东西，另一方面则是为世界提供更有价值的东西。

二、中国学生发展核心素养

2014年，教育部《关于全面深化课程改革 落实立德树人根本任务的意见》（以下简称《课程改革意见》）出台。该《课程改革意见》把"研究制订学生发展核心素养体系和学业质量标准"作为"着力推进关键领域和主要环节改革"第一要务。《课程改革意见》指出：

> 教育部将组织研究提出各学段学生发展核心素养体系，明确学生应具备的适应终身发展和社会发展需要的必备品格和关键能力，突出强调个人修养、社会关爱、家国情怀，更加注重自主发展、合作参与、创新实践。

2016年2月，中国教育学会发布《关于征求对〈中国学生发展核心素养（征求意见稿）〉意见的通知》（以下简称《发展核心素养》）。

《发展核心素养》发布之际，恰逢央视一套播放《中国诗词大会》（第一季）。两者碰撞，让笔者迸发了一些思想火花。《中国诗词大会》（第一季）尚未播放结束，我的一篇文章《古诗词与核心素养：最美的遇见》，便发表在《中国教育报》上。

笔者认为，我们的语文学科中蕴含着丰富的"核心素养"方面的资源。我们不妨继续以古诗词（或对联）为例，来寻觅这些寻常而又宝贵的精神财富。比如——

社会责任：安得广厦千万间，大庇天下寒士俱欢颜，风雨不动安如山（杜甫）；落红不是无情物，化作春泥更护花（龚自珍）；铁肩担道义，妙手著文章（李大钊）。

科学精神：路漫漫其修远兮，吾将上下而求索（屈原）；读万卷书，行万里路（董其昌）；纸上得来终觉浅，绝知此事要躬行（陆游）。

学会学习：读书破万卷，下笔如有神（杜甫）；读书患不多，思义患不明（韩愈）；读书切戒在慌忙，涵泳工夫兴味长（陆九渊）。

该文写道，诗言志，词写情。宇宙天地、忧国忧民、理想抱负、人情事理等主旨意蕴，是古诗词的精神内核。古诗词对语言形式美的要求是最高的，它讲究平仄和韵律。读者只有通过多种形式的诵读，才能体会中国古诗的声韵之美，才能尽可能地打通读者与诗人、当下与古代之间的障碍，进行一次次跨越时空的心灵对话，以此涤荡灵魂，陶冶性情，使我们的道德情操得以升华，使我们的人生观、价值观得以完善。

2016年6月，笔者又在《未来教育家》发表了一篇文章《对"核心素养"的三个追问》，对何谓"素养"、"核心素养"有无阶段性、"核心素养"的内核是什么这三个问题进行了阐述。此文算是笔者对《发展核心素养》公开发表的个人意见。

何谓"素养"？笔者以为——

有了对"人"的关怀，才能称之为"素养"，否则只能称之为"知识"。爱因斯坦说："照亮我的道路，并且不断地给我新的勇气去愉快地正视生活的理想，是善、美和真。"也即是说，真正具有人文素养的人，应当且必须具有"善、美和真"。"善"的位置还应当在"美"和"真"之前，更为重要一些。

2016年9月13日，"中国学生发展核心素养"研究成果发布会在北京师范大学举行。此时，"中国学生发展核心素养"正式迈进中国教育。

"中国学生发展核心素养"以培养"全面发展的人"为核心，分为"文化基础、自主发展、社会参与"3个方面，综合表现为"人文底蕴、科学精神、学会学习、健康生活、责任担当、实践创新"等6大素养，具体细化为"国家认同"等18个基本要点。

"中国学生发展核心素养"是党的教育方针的具体化。党的教育方针通过核心素养这一桥梁，可以转化为教育教学实践可用的、教育工作者易于理解的具体要求，明确学生应具备的必备品格和关键能力，从中观层面深入回答"立什么德、树什么人"的根本问题，引领课程改革和育人模式变革。

"中国学生发展核心素养"正式发布后，笔者便从名家著作、课文阅读、整本书阅读，甚至是写作等方面进行了广泛的研究。

三、学科（课程）核心素养

随着普通高中课程标准的颁布，学科核心素养应运而生。余文森教授认为，学科核心素养＝学科＋核心素养。学科核心素养具有学科性、科学性、教育性、人本性等特点；学科核心素养是核心素养落地的抓手，是学科教育的灵魂。[①]

2017年版《普通高中课程标准》对各学科核心素养进行了提炼，从此核心素养正式走进普通高中各科课堂，而初中、小学也开始了学科核心素养的落实与研究。

2022年4月颁布的《义务教育课程方案和课程标准（2022年版）》，其育人目标更加系统明确，国家意志得到了进一步增强。比如，语文课程将"文化自信"作为要重点培养的学生核心素养之一。

义务教育课程，将以核心素养为统领，促进课程内容结构化，全面提升课程系统性。比如语文课程，围绕立德树人根本任务，以促进学生核心素养发展为目的，以识字与写字、阅读与鉴赏、表达与交流、梳理与探究等语文实践活动为主线，突出社会主义先进文化、革命文化、中华优秀文化等三大文化，综合构建素养型课程目标体系。

智慧要靠智慧启迪，素养要靠素养培育。课程教师是学生课程核心素养形成的重要条件。教师唯有具有一定的课程素养和教育素养，才能从"知识教学"走向"素养教学"，更好地培养有理想、有本领、有担当的时代新人。

[①] 余文森. 核心素养导向的课堂教学[M]. 上海：上海教育出版社，2017.

文化自信：作为中国人的精神底座

核心素养如何落地生根，其关键在于学科教师。如果教者在文化底蕴、思维品质、审美情趣、气质品味、价值取向、人格魅力、创新意识等方面都能与时俱进、日胜一日，学生也必将能通过课程学习，逐步形成"正确价值观、必备品格和关键能力"。

这里先谈文化自信。

一、何谓中国文化？

关于文化，不同的学者有不同的定义。

于漪老师认为，文化是人们在社会实践中创造的物质文明和精神文明的总和。中国文化与西方文化有很多不相同的地方，其最核心的特征，就是中国文化有很强的人文精神。于漪老师认为，中国文化人文精神有四个特点。

第一个特点，就是非常尊重人、尊崇人。中国文化是以人为中心、以人为主体、以人为核心的。

第二个特点，是重视人的修养，追求理想和人格的完美。比如孔子讲"朝闻道，夕死可矣""吾日三省吾身""见贤思齐焉，见不贤而内自省也"等，孟子讲"穷则独善其身，达则兼济天下""富贵不能淫，贫贱不能移，威武不能屈"等。

第三个特点，是宽容精神与博大胸怀。中国文化崇尚"自强不息，厚德载物"，但不排斥外来文化，而是"兼收并蓄，海纳百川"。

第四个特点，是"尚群"。中华文化崇尚群体、崇尚善良。司马迁也好，屈原也好，中国的仁人志士、中国的脊梁，都有一颗善良的心。

余秋雨先生在《中国文化课》一书中这样定义文化：文化，是一种成为习惯的精神价值和生活方式。它的最终成果，是集体人格；集体人格，是指一批人在生命格调和行为规范上的共同默契。①

按照独特性和实践性的标准,余秋雨把中国文化的特性概括为三个"道"。

其一,在社会模式上,中国文化建立了"礼仪之道";其二,在人格模式上,中国文化建立了"君子之道";其三,在行为模式上,中国文化建立了"中庸之道"。②

二、何谓文化自信?

何谓文化自信?《语文课程标准(2022)》是这样解释的:

文化自信是指学生认同中华文化,对中华文化的生命力有坚定信心。通过语文学习,热爱国家通用语言文字,热爱中华文化,继承和弘扬中华优秀文化、革命文化、社会主义先进文化,关注和参与当代文化生活,初步了解和借鉴人类文明优秀成果,具有比较开阔的文化视野和一定的文化底蕴。

2017年,中共中央办公厅、国务院办公厅印发了《关于实施中华优秀传统文化传承发展工程的意见》(以下简称《文化传承发展的意见》)。关于文化和文化自信,《文化传承发展的意见》是这样讲的:

文化是民族的血脉,是人民的精神家园。

文化自信是更基本、更深层、更持久的力量。中华文化独一无二的理念、智慧、气度、神韵,增添了中国人民和中华民族内心深处的自信和自豪。

《文化传承发展的意见》认为,中华优秀传统文化的传承发展,应包括核心思想理念、中华传统美德、中华人文精神三个方面内容的发展。

核心思想理念,包括"革故鼎新、与时俱进的思想""脚踏实地、实事求是的思想""惠民利民、安民富民的思想""道法自然、天人合一的思想"等。传承发展中华优秀传统文化,就要大力弘扬"讲仁爱、重民本、守诚信、

---

① 余秋雨. 中国文化课 [M]. 北京:中国青年出版社,2019.
② 余秋雨. 中华文化的特性 [J]. 党政论坛(干部文摘),2011(05).

崇正义、尚和合、求大同"等核心思想理念。

中华传统美德，包括"天下兴亡、匹夫有责的担当意识""精忠报国、振兴中华的爱国情怀""崇德向善、见贤思齐的社会风尚""孝悌忠信、礼义廉耻的荣辱观念"等。传承发展中华优秀传统文化，就要大力弘扬"自强不息、敬业乐群、扶危济困、见义勇为、孝老爱亲"等中华传统美德。

中华人文精神，包括"求同存异、和而不同的处世方法""文以载道、以文化人的教化思想""形神兼备、情景交融的美学追求""俭约自守、中和泰和的生活理念"等。传承发展中华优秀传统文化，就要大力弘扬有利于促进社会和谐、鼓励人们向上向善的思想文化内容。

继承和弘扬中华优秀文化、革命文化、社会主义先进文化，关注和参与当代文化生活，了解和借鉴人类文明优秀成果，这应当成为我们作为中国人的精神底座。

三、语文里的文化自信

语文里的文化自信，可谓比比皆是。

古语言："半部论语治天下。"文化自信在《论语》里，是"智者乐水，仁者乐山"的自然依恋，是"父母在，不远游，游必有方"的孝悌之道，是"学而时习之，不亦说乎"的陶炼之法，是"人不知，而不愠，不亦君子乎"的君子之风，是"里仁为美"的相邻美德，是"岁寒，然后知松柏之后凋也"的初心不改……

欧阳修云："孔子之后，唯孟子知道。"文化自信在《孟子》里，是"民为贵，社稷次之，君为轻"的以人为本，是"老吾老，以及人之老；幼吾幼，以及人之幼"的将心比心，是"乡田同井，出入相友，守望相助，疾病相扶持"的团结互助，是"爱人者人恒爱之，敬人者人恒敬之"的朴素道理……

"熟读唐诗三百首，不会吟诗也会吟。"文化自信在唐诗里，是王勃"海内存知己，天涯若比邻"的临别赠言，是杨炯"烽火照西京，心中自不平"的报国之心，是卢照邻"常恐秋风早，飘零君不知"的零落之感，是骆宾王"西陆蝉声唱，南冠客思深"的囹圄愁思，是李白"此夜曲中闻折柳，何人不起故园情"的思乡之情，是杜甫"无边落木萧萧下，不尽长江滚滚来"的壮志难酬，是白居易"离离原上草，一岁一枯荣"的哲理表述……

"诗以言志，词以言情。"文化自信在宋词里，是苏轼"大江东去，浪淘尽，千古风流人物"的赤壁怀古，是辛弃疾"蓦然回首，那人却在，灯火阑珊处"的元夕求索，是李清照"梧桐更兼细雨，到黄昏、点点滴滴"的颠沛流离，是柳永"今宵酒醒何处？杨柳岸，晓风残月"的难舍难分，是陆游"桃花落，闲池阁。山盟虽在，锦书难托"的凄美爱情……

如何培植学生的文化自信呢？

让学生通过语文学习，认同中华文化，对中华文化的生命力有坚定信心。教者身教言传，学生耳濡目染，教育必有美好境遇。

语言运用：作为语文人的看家本领

《语文课程标准（2022）》这样解释"语言运用"：

> 语言运用是指学生在丰富的语言实践中，通过主动的积累、梳理和整合，初步具有良好语感；了解国家通用语言文字的特点和运用规律，形成个体语言经验；具有正确、规范运用语言文字的意识和能力，能在具体语言情境中有效交流和沟通；感受语言文字的丰富内涵，对国家通用语言文字具有深厚感情。

笔者认为，关于语言运用，《语文课程标准（2022）》既强调了"输入"，即"主动的积累、梳理和整合"，以此形成良好语感，了解特点规律，形成个体经验；又强调了"输出"，即"有效交流和沟通"；还强调了"情感"，无论是"输入"还是"输出"，都应保持"对国家通用语言文字具有深厚感情"。

一、培植"感觉"，爱我语文

语文是什么？有段话说得好——

> 语文是对秦砖汉瓦的向往，语文是对唐诗宋词的热爱，语文是对《红楼梦》的崇拜，语文是对《西游记》的迷恋；语文是离不开名著的双眸……（源于网络）

这段关于"语文是什么"的诗意表达，无论是从文化自信，还是从语言运用、思维能力、审美创造等方面来看，都可称作上品。

当然,"语文"的外延还应当适当扩大。这并不影响我们对国家通用语言文字具有深厚感情。比如,我们还可这样来表达:

语文是莎士比亚的十四行诗,语文是安徒生笔下的《海的女儿》,语文是泰戈尔的《新月集》和《飞鸟集》,语文是高尔基笔下"让暴风雨来得更猛烈一些"的《海燕》……语文是上善若水、兼容并蓄的文学海洋。

笔者曾经写过一首小诗,名曰"语文的感觉":

静态的,是联想,是想象;
动态的,是比喻,是夸张。
眼见处,花草树木皆有意;
耳闻声,虫鱼鸟兽即文章。
独处一室,可思接千载,心游万仞,笔走龙蛇;
群居一堂,能引经据典,旁征博引,妙语连珠。

"感觉"需要培植。正如学美术需要培养"美感",学音乐需要培养"乐感",学打球需要培养"球感",学数学需要培养"数感",同样的道理,学语文需要培养"语感"——一个人对语言文字的独特的敏感性。它是我们对语言文字分析判断、理解吸收、建构表达等过程的高度浓缩和及时反映。

二、苦练"三功",行者无疆

关于语言运用,对于教师而言,要苦练读、说、写三方面的功夫。

(一) 读,要读得入情入境、入脑入心

北宋朱熹在《朱子语类》有"熟读精思"之说:"大抵观书先须熟读,使其言皆若出于吾之口。继以精思,使其意皆若出于吾之心,然后可以有得尔。"朱熹给我辈"读书"指引了一条康庄大道。

十多年前,笔者有幸聆听过洪镇涛老师的一堂讲座。所讲的内容应该是

"语感教学法"。其间，洪老师在课堂上声情并茂地背诵了一遍《最后一次讲演》，在场的数百位学员，如同《口技》一文所描述的一般："无不伸颈，侧目，微笑，默叹，以为妙绝。"

于永正老师的备课有"备朗读"一说。他说，"我备课都会先备朗读""课文不读好，我是不敢走进课堂的""朗读好，教学就成功了一大半"。

教师正确、流利、有感情地朗读，读出文字，读出情意，读出个性，给学生树立良好的"朗读"榜样，那么，学生的语感培养便"随风潜入夜，润物细无声"了。

（二）说，要说得言之有物、言之有文

"说的比唱的还好听"，这是一句带有贬义的话。但作为一名教师，课堂上如若能让学生都喜欢听你的"说"，那你的口头表达一定是上乘水准了。

关于教学语言，我们应努力做到"言之有物、言之有序、言之有理、言之有情、言之有文"。

言之有物，行之有格。言之有物，便是设问指向明确，讲解要言不烦，点拨具体深入，评价客观真实。

言之有序，收放自如。言之有序，便是既符合"言语"的逻辑，又符合"文本"的特点；既符合"课堂"的逻辑，又符合"认知"的规律。

言之有理，听之有味。言之有理，便是解读课文，能上下勾连；阐述观点，能有理有据；提出疑问，能引发深思；提出批判，能以理服人。

感人之心，莫先乎情。语言有磁性，富有感染力。但言之有情，并非矫揉造作，而是发自肺腑；并非故弄玄虚，而是适当铺垫。教师风趣幽默，课堂和谐愉悦。

言之无文，行之不远。言之有文，便是语言有文化含量。浅显中富有内涵，通俗中保持端庄，对话中充满智慧，谈笑间渗透哲理。

于漪老师对课的要求是"一清如水"。为达到这个目标，她说自己年轻时备课，几乎能把每节课的课堂上要说的每句话都备出来，之后又把教案熟记于心。这样的敬业精神，值得我们终身学习。

（三）写，要写出真情实感、真知灼见

出口成章，下笔成文，这是众多教育名家的共同追求和专业修为。语文教师的"写",不仅是教学基本功的表现,更是提高学生写作能力的现实需要。

二十多年的写作经验告诉我,常有文章发表、著作出版的人,并非都是有相当写作天赋的人。比如我,原本不喜欢写作,不擅长写作。严格地说,我开始有意识、持续性地进行教育写作时,已是三十出头的年岁了。我从教学反思、教育随笔开始写起,之后与学生一起同步作文,再之后尝试写一些论文,再斗胆结集出版……

一路写来,我在《中国教育报》《中国教师报》《语文报》《初中语文教与学》《语文教学通讯》《中学语文教学参考》《湖北教育》《教师博览》等专业报刊上发表了百十篇作品,并出版了《我教语文的感觉》《乡村教师突围》《公民教育与现代学校》《乡村少年成长密码》《特级教师陪你读名著》《卓越教师的成长特质》等著作。同时,还不时受大中小学的邀请,为老师们主讲了多次写作感悟。

教师写作,并非为成作家,更多的是为了锻炼思维、增强笔力、总结经验、寻找规律,同时还为作文教学增加切身感悟,成为学生的写作陪练或教练。当然,还可以在写作中体验职业幸福,并收获写作之外的附加值,比如职称、荣誉。

遗憾的是,坚持阅读的教师不多,而坚持写作的教师则更少。

总之,要想有效提高学生的语言运用素养,教师必须坚持不懈地"听说读写",否则只会是"少慢差费"。

思维能力：作为教育者的立身之本

何谓思维能力？《语文课程标准（2022）》是这样阐释的：

> 思维能力是指学生在语文学习过程中的联想想象、分析比较、归纳判断等认知表现，主要包括直觉思维、形象思维、逻辑思维、辩证思维和创造思维。思维具有一定的敏捷性、灵活性、深刻性、独创性、批判性。有好奇心、求知欲、崇尚真知，勇于探索创新，养成积极思考的习惯。

智育的本质，是发展智慧。苏霍姆林斯基认为，"智育包括：获得知识和形成科学世界观，发展认识能力和创造能力，培养脑力劳动文明，养成一个人在整个一生中对丰富自己的智慧和把知识运用于实践的需要"。[①]

智育的任务之一是发展学生的智力。它包括观察力、想象力、思维力、记忆力和注意力等，其中思维能力是决定性的因素。中国学生发展核心素养的六大素养中，几乎都要以"思维能力"为支撑。18个"基本要点"中，"理性思维""批判质疑""勇于探究""乐学善学""勤于反思""信息意识"等要点与"思维能力"更是密切相关。

作为一名教师，笔者认为，我们有必要对思维的相关概念和它们与语文的关系有一个比较准确的理解。

一、直觉思维

直觉思维可称作"非逻辑思维"。也就是说，它没有完整的分析过程与逻

[①] 苏霍姆林斯基. 给教师的建议［M］. 北京：教育科学出版社，2013.

辑程序，只是依据个人的某种认知、某种经验，迅速地对问题答案做出判断、猜想和设想。它有可能是灵感与顿悟，也可能是误判和谬论。它具有自发性、简洁性、偶然性、不可靠性等特点。

爱因斯坦非常重视直觉思维，他认为，真正可贵的因素是直觉；直觉思维是导向创造、解决问题的指路标。因为，一个人在确定所要解决的问题之前，往往就已预感到某种方向。

思维总是开始于问题。苏联心理学家鲁宾斯坦说，所谓问题，实际上就是出现了具有几种可能性的情形，需要对其进行判断和选择。而直觉思维往往能够推动科学创造活动中的判断和选择。

在语文方面，关于直觉思维的经典诗文有许多。比如苏轼的《题西林壁》："横看成岭侧成峰，远近高低各不同。不识庐山真面目，只缘身在此山中。"该诗是苏轼初入庐山时的印象，更是对庐山全景的直觉体验，最为难得的是，作者以此悟出其中所蕴含的哲理。

毛泽东在《沁园春·雪》中对秦皇汉武、唐宗宋祖、成吉思汗的点评，特别是最后一句"俱往矣，数风流人物，还看今朝"的历史判断，既思接千载，又洞悉未来，这也是一种直觉思维。正是这种直觉思维，使得该诗更加雄阔豪放、气吞山河。

直觉思维在语文教育中的作用很多，比如可以增强语感、激发灵感、发挥联想和想象、促进对文本的整体把握、培养感性认识能力等。

作为语文教师，应当通过博览群书、即兴写作来培养自己的直觉思维，并以此发展学生的直觉思维。

比如，当年一看到"教学反思""核心素养""整本书阅读"这些做法、这些概念时，笔者立马就有了一种"直觉"：这个做法、这个概念对于自身的成长、学生的发展太重要了，它将会影响中国教育很长一段时间。

于是，每次有了这些直觉、这些判断后，我便迅速投入实践和研究之中。从后来的研究成果、教学效果看，我当初的这些直觉是多么正确。这是不是一种"春江水暖鸭先知"呢？

二、形象思维

形象思维主要是指通过直观形象和表象来解决问题的思维，它是用表象来进行分析、综合、抽象、概括的过程。

形象思维大多与直觉思维联系在一起。比如，王维的"大漠孤烟直，长河落日圆"，便是直觉思维和形象思维的完美结合。曹雪芹在《红楼梦》里借林黛玉之口，这样评价该句："'大漠孤烟直，长河落月圆。'想来烟如何直？日自然是圆的。这'直'字似无理，'圆'字似太俗。若说再找两个字换这两个，竟再找不出两个字来。"通俗形象的十个字，王国维却称之为"千古壮观"。

形象思维在文学创作过程中，通过形象、情感以及联想和想象，往往能创造出具有艺术美的作品。比如鲁迅先生《从百草园到三味书屋》里这样的一段描写，可谓是形象思维的经典运用——

> 不必说碧绿的菜畦，光滑的石井栏，高大的皂荚树，紫红的桑椹；也不必说鸣蝉在树叶里长吟，肥胖的黄蜂伏在菜花上，轻捷的叫天子（云雀）忽然从草间直窜向云霄里去了。单是周围的短短的泥墙根一带，就有无限趣味。油蛉在这里低唱，蟋蟀们在这里弹琴。翻开断砖来，有时会遇见蜈蚣；还有斑蝥，倘若用手指按住它的脊梁，便会拍的一声，从后窍喷出一阵烟雾……

静态的，动态的，视觉的，听觉的，在这里相互交织。难怪几乎所有的读者，若干年后，一谈及此文，总能或多或少地背上几句。因为，读者们无法忘怀鲁迅先生用他那浓郁的情思、优美的文字，创造出的一个充满艺术想象力的百草园。

杨绛先生笔下的三轮车夫老王的形象，也让读者印象深刻、挥之不去：

> 有一天，我在家听到打门，开门看见老王直僵僵地镶嵌在门框里。……他面色死灰，两只眼上都结着一层翳，分不清哪一只瞎，哪一只不瞎。说得可笑些，他简直像棺材里倒出来的，就像我想象里的僵尸，骷髅上绷着一层枯黄的干皮，打上一棍就会散成一堆白骨。

为何如此呢？这便是形象思维、细腻刻画的魅力所在。刘勰的《文心雕龙·知音》有语："夫缀文者情动而辞发，观文者披文以入情，沿波讨源，虽幽必显。"无论是写作时由内而外的"情动而辞发"，还是阅读时由外而内的"披文以入情"，形象思维的作用均不可被替代。写作如此，阅读如此，演讲亦是如此。

三、逻辑思维

逻辑思维与直觉思维相对。它是人们在认识过程中，借助于概念、判断、推理等思维形式，能动地反映客观现实的理性认识过程。有人将其称为"闭上眼睛的思维"。

逻辑思维可分为分析与综合、分类与比较、归纳与演绎、抽象与概括等类别。写作、阅读、演讲与逻辑思维关系密切。笔者的《有一种素质，叫主动成长》一文，曾被《中学语文教学参考》（初中刊）作为某期卷首语，想必在逻辑思维方面做得不错。

分析与综合、分类与比较、归纳与演绎、抽象与概括，几乎在本文里都有所运用，并且大多恰如其分。

苏霍姆林斯基非常重视学生的思维训练。他认为，所谓发展思维和智力，就是指发展形象思维和逻辑－分析思维，影响思维过程的活动性，克服思维的缓慢性。

苏霍姆林斯基常给学生上一种专门的"思维课"：让学生生动地、直接地感知周围世界中的形象、画面、现象和事物，并进行逻辑分析，获取新知识，进行思维练习，找因果关系。

作为教师，我们要主动学习逻辑知识，不断提高逻辑思维素养，善于运用逻辑知识分析教材、选择教学方法、设计教学方案，并能及时地发现、矫正学生容易出现的逻辑思维错误。

四、辩证思维

辩证思维是马克思主义哲学的根本方法。它是一种运用唯物辩证法分析问题和解决问题的科学思维方式。

马克思主义唯物辩证法告诉我们，世界万事万物都是相互联系和不断发展的。联系和发展，是唯物辩证法最基本的观点；对立统一规律、量变质变规律、否定之否定规律，是事物发展的最基本规律。

辩证思维能力在语文教育教学中越来越受到重视。比如，2022年全国新高考Ⅰ卷关于"本手、妙手、俗手"的写作，最能考查学生的辩证思维能力。"本手、妙手、俗手"三者之间便是一种相辅相成、矛盾统一的联系。唯有确立整体意识和辩证思维，才能更好地写作此文。

对于年轻人的成长而言，也唯有从"本手"出发，脚踏实地，苦练内功，才可能"妙手偶得""妙手回春"，做好学问，成就事业；如果心浮气躁，好高骛远，只会是"俗手"连连，而最终成事不足、败事有余。

语文教材上许多文章充满了辩证思维，作为教师，我们要善于发现和挖掘，并以此培养学生的辩证思维能力。

比如茅盾的《白杨礼赞》。作者这样评价白杨树："西北极普通的一种树，然而决不是平凡的树！"白杨树的"极普通"是因为它"算不得树中的好女子"，其"不平凡"是因为它是"树中的伟丈夫"。它的"极普遍"，跟北方农民相似；"它有极强的生命力，磨折不了，压迫不倒"，也跟北方的农民相似。这里既有对立统一，又有相互联系，充满了辩证思维。

再比如《傅雷家书》中关于"高潮"与"低潮"的论述：

人一辈子都在高潮低潮中浮沉，唯有庸碌的人，生活才如死水一般；或者要有极高的修养，才能廓然无累，真正地解脱。只要高潮不过分使你紧张，低潮不过分使你颓废，就好了。太阳太强烈，会把五谷晒焦；雨水太猛，也会淹死庄稼。我们只求心理相当平衡，不至于受伤害而已。

高潮与低潮、成功与失败、紧张与颓废、太阳与雨水等，有着联系与发展、对立与统一等辩证思维，既言之谆谆，又富有哲理。

对于语文教师而言，师与生，教与学，文与道，讲授与自学，课内与课外，减负与提质，分数与素养，教书与育人等，这一切，在一定程度上也都是相互联系、对立统一、动态发展的。因此，我们必须学会运用辩证思维，一分为二地看问题，透过现象看本质，在"变"（现象）与"不变"（规律）之间发展自我、成就学生。

笔者的《理顺开放课堂的辩证关系》一文，就很好地运用了辩证思维："放开展示，不放指导""放开体验，不放示范""放开对话，不放效率""放开课堂，不放质量""放开过程，不放目标"等。

五、创造思维

创造思维，是一种开创性的探索未知事物的高级复杂的思维。它与"一般思维"相对。一般思维是利用现有的知识经验和思维方式，进行"一般的"分析综合而后做出判断推理的过程。而创造思维，既具有"一般思维"的特点，又具有它自身特点，也就是采取新的方法去解决问题，从而产生新的观点、新的理论、新的工具、新的产品等。

创造思维具有求实性、批判性、灵活性、跨越性、综合性、艺术性、风险性等方面的特点。其求实性表现在，从满足个人需要和社会需求出发，积极拓展思维的空间；其批判性表现在，敢于用科学的眼光去质疑、去论证，不唯书，不唯上，只唯实；其灵活性表现在，及时调整思维方向，努力寻求最佳方案，解决问题力求完美；其跨越性表现在，思维跳跃性大，思维过程有很大的省略性，同时善于在学科间、领域间进行跨越思维；其综合性表现在，拥有丰富的知识、翔实的信息，综合运用多种思维方式；其艺术性表现在，依靠直觉的、想象的、灵感的这些"非逻辑性"的思维方式，所衍生出来的"东西"必然是随机性的、个性化的、技巧性的；其风险性表现在，创造性思维并非每次都会有正确的结论和理想的结果，因此机遇与风险并存，艺术与荒诞同在。

陶行知先生说，处处是创造之地，天天是创造之时，人人是创造之人。对此，笔者深信不疑。这里，结合自己的教育教学实践略举两例。

一名女生因某种原因厌学、辍学，我写了一篇文章《我想对你说》，交给她时，我说："老师写了一篇文章，想请你帮我修改一下，可以吗？"她稍稍犹豫后，还是接受了……后来，我又写了两三篇文章，站在她的角度上，帮她分析，给她鼓励。她最终完成了九年义务教育，并考取了一所理想的高中。

在临近毕业前 50 天时，我对全班学生说："以后我要每天写一两个学生，把老师眼中、心中的你们一个个写进文章，放进博客。"此后，班上几乎所有的学生都用功学习，交往文明，有事没事还找我聊上几句。中考前一周，我利用其中的一些文字，主讲了一节《猜猜他是谁》的写作指导课。一节课下来，笑语频频，佳作连连。后来，学生们中考语文成绩都非常不错。这一段时光，还给紧张的中考复习增添了许多美好的记忆。

像这种富有创见的做法还有许多。语文和德育，教书和育人，生活与学习，是可以通过一些创造思维很有效、很艺术地完美结合的。

作为新时代教师，我们应当依托《语文课程标准（2022）》，在构建语文学习任务群上，在整合和挖掘"三大文化"（中华优秀传统文化、革命文化、社会主义先进文化）上，在增强语文课程的情境性和实践性上，在单元整体教学设计上，在整本书阅读的研究和推广上，在加强课程评价的过程性和整体性上，充分发挥创造思维，不断提升学生的语文课程核心素养。

审美创造：作为自然人的精神追求

《语文课程标准（2022）》这样阐释"审美创造"：

> 审美创造是指学生通过感受、理解、欣赏、评价语言文字及作品，获得较为丰富的审美经验，具有初步的感受美、发现美和运用语言文字表现美、创造美的能力；涵养高雅情趣，具备健康的审美意识和正确的审美观念。

从上述文字可以看到，语文课程审美创造的立足点是"语言文字及作品"，途径是"感受、理解、欣赏、评价"，感受美、发现美指向"阅读和鉴赏"（输入），表现美、创造美则指向"表达和交流"（输出），情趣高雅、意识健康、观念正确则指向"人的内在素养"。

一、何以为美？

爱美之心，人皆有之。然而，何以为美，似乎又很难说得清、道得明。

"美"，从"羊"从"大"。"大"者，三皇统治的疆土大如海；"羊"者，土地上的人民驯顺如羊。也就是，国泰民安，和谐为美。

庄子云："天地有大美而不言，四时有明法而不议，万物有成理而不说。""不言""不议""不说"，正所谓，沉默是金，含蓄为美。

朱光潜最认同这"无言之美""含蓄之美"。他曾这样评述："拿美术来表现思想和情感，与其尽量流露，不如稍有含蓄；与其吐肚子把一切都说出来，不如留一大部分让欣赏者自己去领会。因为在欣赏者的头脑里所产生的印象和美感，有含蓄比较尽量流露的还要更加深刻。"

如何创造美呢？朱光潜则认为要"超现实"。因为，"现实界处处有障碍有限制，理想界是天高任鸟飞，极空阔极自由的"。

朱光潜还认为，不完美即是完美。"这个世界之所以美满，就在有缺陷，就在有希望的机会，有想象的田地。换句话说，世界有缺陷，可能性才大。"①

梁衡认为美的理念之一，是"距离产生美"。他说："你看遥远的东西是美丽的，因为长距离为人们留下了想象的空间，如悠悠的远山，如沉沉的夜空；朦胧的东西是美丽的，因为它舍去了事物粗糙的外形而抽象出一个美的轮廓，如月光下的凤尾竹，如灯影中的美人……"②

人常言：追求真善美，拒绝假恶丑。然而"真""善""美"三者之间有什么关系呢？简单地说，科学求真，伦理崇善，艺术尚美。但是，"真"的未必善，但"善"的必须真；"真"的未必美，而"美"的也未必真；"善"的一定美，而"美"的未必善。只有把三者辩证统一，才能实现人类活动的整体性、和谐性。缺失了其中的一项，人类活动都会有片面性和狭隘性。

二、何谓美育？

何谓美育？蔡元培是这样解释的："人人都有感情，而并非都有伟大而高尚的行为，这由于感情推动力的薄弱。要转弱而为强，转薄而为厚，有待于陶养。陶养的工具，为美的对象，陶养的作用，叫作美育。"③ 通俗地说，美就是用来陶养感情的，而这一过程和作用，便是美育。

2015年，国务院办公厅发布《关于全面加强和改进学校美育工作的意见》（以下简称《意见》），对新时期学校美育改革发展做出了顶层设计。该《意见》明确指出了美育课程目标的科学定位："学校美育课程建设要以艺术课程为主体，各学科相互渗透融合，重视美育基础知识学习，增强课程综合性，加强实践活动环节"，"要以审美和人文素养培养为核心，以创新能力培育为重点，科学定位各级各类学校美育课程目标"。

---

① 朱光潜. 给青年的十二封信 [M]. 武汉：长江文艺出版社，2018.
② 梁衡. 跨越百年的美丽 [M]. 北京：中国青年出版社，2014.
③ 蔡元培. 中国人的修养 [M]. 成都：四川出版社，2010.

该《意见》首次在"加强美育的渗透与融合"上进行了具体指导，比如："挖掘不同学科所蕴涵的丰富美育资源，充分发挥语文、历史等人文学科的美育功能"，"大力开展以美育为主题的跨学科教育教学和课外校外实践活动，将相关学科的美育内容有机整合，发挥各个学科教师的优势，围绕美育目标，形成课堂教学、课外活动、校园文化的育人合力"。

2020年，中共中央办公厅、国务院办公厅发布《关于全面加强和改进新时代学校美育工作的意见》，提出"树立学科融合理念"，着重强调了中华美育精神和民族审美特质，具体如下：

> 加强美育与德育、智育、体育、劳动教育相融合，充分挖掘和运用各学科蕴含的体现中华美育精神与民族审美特质的心灵美、礼乐美、语言美、行为美、科学美、秩序美、健康美、勤劳美、艺术美等丰富美育资源。有机整合相关学科的美育内容，推进课程教学、社会实践和校园文化建设深度融合，大力开展以美育为主题的跨学科教育教学和课外校外实践活动。

通过梳理可以发现，国家对于审美教育越来越重视，指导意见越来越具体。这为我们落实语文课程"审美创造"这一核心素养，提供了广阔的思维空间和有力的理论支撑。

三、如何融合？

语文从来不缺美。"体现中华美育精神与民族审美特质的心灵美、礼乐美、语言美、行为美、科学美、秩序美、健康美、勤劳美、艺术美"，在语言文字和作品中，可以说是比比皆是。我们且以古诗词为例吧，请看——

有美丽山川

"众鸟高飞尽，孤云独去闲"，这是李白"独坐敬亭山"时的孤独；"造化钟神秀，阴阳割昏晓"，这是杜甫"望岳"时的吟唱；"白日依山尽，黄河入海流"，这是王之涣对黄河的赞美；"大江东去，浪淘尽，千古风流人物"，这是苏轼对长江的抒怀。山川之美，美在眼前，亦美在心中。

有迷人四季

"几处早莺争暖树,谁家新燕啄春泥",这是白居易对春鸟的钟爱;"接天莲叶无穷碧,映日荷花别样红",这是杨万里对夏荷的讴歌;"晴空一鹤排云上,便引诗情到碧霄",这是刘禹锡对秋鹤的赞赏;"梅须逊雪三分白,雪却输梅一段香",这是卢梅坡对雪梅的品味。热爱生活,就是热爱每一个春夏秋冬,热爱每一个或特别或平淡的日子。

有童真童趣

"小娃撑小艇,偷采白莲回",这是白居易的"池上"偶遇;"蓬头稚子学垂纶,侧坐莓苔草映身",这是胡令能的"小儿垂钓";"牧童骑黄牛,歌声振林樾",这是袁枚的林间"所见";"儿童散学归来早,忙趁东风放纸鸢",那是高鼎的"村居"之趣。一个人,心怀童真,永远年轻;心有童趣,永远风趣。

有人格品性

"垂缕饮清露,流响出疏桐",这是虞世南借秋蝉表明自己的高洁;"不要人夸好颜色,只留清气满乾坤",这是王冕借墨梅表述自己的淡泊;"粉骨碎身浑不怕,要留清白在人间",这是于谦借石灰表白自己的坚守;"千磨万击还坚劲,任尔东西南北风",这是郑板桥借竹石表达自己的坚韧。人格成就"诗格",品性化为"诗性"。这便是诗如其人,人如其诗。

有家国情怀

"黄沙百战穿金甲,不破楼兰终不还",这是王昌龄笔下戍边战士的豪壮誓言;"僵卧孤村不自哀,尚思为国戍轮台",这是陆游"风雨大作"之夜遥想自己戍守边关的报国梦想;"毅魄归来日,灵旗空际看",这是夏完淳起兵抗清、失败被捕后的坚定信念;"苟利国家生死以,岂因祸福避趋之",这是林则徐流放伊犁、临别家人的肺腑寄语。家是最小国,国是最大家,没有国哪有家?

中国诗词里有劳动之乐,如陶渊明的"晨兴理荒秽,带月荷锄归";有读书之酣,如颜真卿的"三更灯火五更鸡,正是男儿读书时";有朋友深情,如李白的"桃花潭水深千尺,不及汪伦送我情";有手足情深,如苏轼的"但愿人长久,千里共婵娟";有哲理名言,如陆游的"纸上得来终觉浅,绝知此事要躬行";有谆谆教诲,如《长歌行》中的"少壮不努力,老大徒伤悲";有宏伟抱负,如曹操的"老骥伏枥,志在千里;烈士暮年,壮心不已";有领袖风采,如毛泽东的"俱往矣,数风流人物,还看今朝"……

这就是文化自信,这就是文学之美!中国诗词除了精神内核很美,它的语言形式也几乎是美到极致。那么,我们该如何从中感受美、发现美呢?

其实,我们只要反复诵读、吟唱,便可以感受中国诗词的声韵之美;如果还能辅以联想和想象,我们便能发现其意象之美、意境之美、意蕴之美。我相信,包括古诗词在内的文学作品,都可以成为我们知识积累、情操陶冶、品性完善和生命成长的源头活水。

如果说,感受美、发现美是一种"输入",那么,表现美、创造美则是一种"输出"。那么,"输出"的途径是什么呢?这便是"读""说""写""做"。

一说"读"

笔者认为,央视新闻主播崔志刚、贺红梅所主张的"陈述式播音"——"平实表达,好好说话",可以作为语文教师朗读的一种职业追求。在作者看来,陈述式播音,是一种返璞归真的说话方式。[1]

尽管教师的课堂朗读并非新闻播报,但笔者认为,陈述式朗读是一种最朴素、最干净、最真诚的朗读方式。简单地说,这是一种"最美"的朗读方式。正所谓,"清水出芙蓉,天然去雕饰"。

二说"说"

"师者,所以传道受业解惑也。"这需要教师的语言能深入浅出,能以理服人,能恰到好处,能一清如水,以此激发学生热情地求取知识、愉悦地享受课堂。

于漪老师认为,教师的语言有两点很重要,一是有文化含量,二是有人文关怀。笔者深以为然。

有文化含量,需要教者有丰厚的文学积淀,成语、俗语、名言、诗词、典故能信手拈来,脱口而出,让课堂有"文学含金量";需要教者有

---

[1] 崔志刚,贺红梅. 好好说话 [M]. 太原:山西教育出版社,2016.

较高的思维层次，引导学生充分地进行直觉思维、形象思维、逻辑思维、辩证思维和创造思维，让学生真正投入课堂学习中，让课堂有"思维含金量"。

有人文关怀，需要教者从心灵深处尊重每一个学生，尊重课堂上每一个有思维、有思想、有个性、有差异的学生，设身处地地为一颗颗不太成熟的心灵着想，正面疏导，多给鼓励；既不可冷嘲热讽，也不可夸大其词，而应当实事求是地帮助学生全心投入、用心思维、真诚对话、提升素养。

若能如此，我们的语言便有内容、有美感、有温度了。

三说"写"

写好汉字、写好文章，是一个语文教师的必备素养。写好汉字，要求我们应当努力写好"三笔字"（毛笔字、钢笔字、粉笔字）。作为一名语文教师，不求成为书法家，但我们都有传承毛笔文化的义务。同时，毛笔字写得规范、美观，对写好钢笔字和粉笔字有着直接的影响。如果教师有一手漂亮的板书，对于学生而言，便是一种美的熏陶。它潜移默化，润物无声。写好下水作文，写好教学随笔，写好教研论文，写好文学作品，这对于教者教育素养的提升，有着无须多说的价值；对于学生语文素养的提升，包括对学生审美创造都有着示范引领作用。

四说"做"

一是做好课件。随着教育信息技术的不断推广，几乎每位教师、每节课都会用到课件，比如PPT。其文字、图片、配色、音乐等，除了服务教学外，还都应当从美学角度进行考量。实用、简洁、美观，应当成为课件设计和制作的基本要求。二是做好表率。教者的衣着打扮、言行举止、待人接物等方面，学生时时刻刻都看在眼里、存在心里，因此，我们应当在语言美、行为美、气质美、人格美、情感美等方面做好学生的表率。

"仰观宇宙之大，俯察品类之盛，所以游目骋怀，足以极视听之娱，信可乐也。"这是王羲之在崇山峻岭、茂林修竹之间，在惠风和畅、流觞曲水之际，寻找美的踪迹。王羲之的书法为我们传达了自然的美和精神的美。

美从何处寻？如何创造美？中国哲学家、美学大师宗白华给我们提供了一个好的答案：

  我们寻到美了吗？……千百年来的诗人艺术家已经发现了不少，保藏在他们的作品里，千百年后的世界仍会有新的表现。每一个造出新节奏来的人，就是拓展了我们的感情并使它更为高明的人![1]

  愿我们有善于发现美的眼光，善于欣赏美的优雅，善于表现美的情怀，善于创造美的智慧吧，愿以此共勉。

---

[1] 宗白华. 美从何处寻 [M] . 南京：江苏教育出版社，2005.

综合体现：作为新教师的发展方向

关于核心素养的四个方面，《语文课程标准（2022）》有这样的论述：

> 核心素养的四个方面是一个整体。语言是重要的交际工具和思维工具，语言发展的过程也是思维发展的过程，二者相互促进。……在语文课程中，学生的思维能力、审美创造、文化自信都以语言运用为基础，并在学生个体语言经验发展过程中得以实现。

这段话揭示了语文课程核心素养四个方面之间的关系：水乳交融，各有侧重。也就是说，在实施语文课程的过程中，文化自信、语言运用、思维能力、审美创造是四位一体、同步提升的。作为教者应有一种兼容思想、一种综合素养、一种整体设计和同时驾驭能力。

同时，这段话也揭示了一个原则，语文课程应坚持"以一带三、以三促一"的教学原则，即紧扣语文学科自身特点，抓住"语言运用"这个"一"，"思维能力、审美创造、文化自信"这个"三"，相互促进，共同发展。

《语文课程标准（2022）》的颁布，核心素养的引领，需要我们这些"新青年"——"新教师"不断提升自身核心素养。这种核心素养，不仅仅是指语文课程核心素养（文化自信、语言运用、思维能力、审美创造），还指向中国学生发展核心素养（人文底蕴、科学精神、学会学习、健康生活、责任担当、实践创新）。

在电视剧《觉醒时代》里，陈独秀的一段演讲让我印象深刻。其中关于"新青年"的六条标准，在 21 世纪的今天，依然具有非常可贵的时代意义。这六条标准是：

1. 自主的，而非奴隶的；2. 进步的，而非保守的；

3. 进取的，而非退隐的；4. 世界的，而非锁国的；

5. 实利的，而非虚文的；6. 科学的，而非想象的。

作为"新青年""新教师"的我们，可以这六条标准改造我们的工作学习，改造我们的教育教学。

关于核心素养的综合体现，这里不多赘言。我只想围绕"双减"略谈几点。

"双减"政策落地，一石激起千层浪。但在笔者看来，只要是一直在坚持教学研究，便是一直在进行减负研究。这便是我的"一种认知"。

因为，真正的教学研究，都是在积极地追求"利用较少的教学时间，获得较好的教学效果"。

因此，无论是教学研究，还是减负研究，都与我们曾经提倡的"有效教学""高效课堂"一脉相承。

下面，笔者将从编者、教者、学生三个角度，简要谈谈语文学科教育教学该如何减负提质，如何提升素养。

一、用好语文教材：站在编者的角度

作为一名优秀的语文教师，在实施教育教学时，一定会有全局观念。这个全局观念，它既是学科的教育教学目标，又是学生的身心发展目标。说到底，都属于"育人目标"，因为学科都是为育人服务的。从语文学科来看，它便是工具性和人文性的统一。教材编者必然都考虑了这些，并在编写的过程中尽可能圆满地落实好。

统编本初中学段的语文教材，每册书只有22—24篇课文，而原来的教材大多是每册30篇。语文学科的课时总量不变，课文数大幅度减少，多余的时间可用来干什么呢？显然，我们应当把它主要用在名著阅读和综合性学习上，但不少教师却用在了刷题、讲题上。

以九年级上册第二单元为例，它包括4篇课文：《敬业与乐业》（梁启超）、《就英法联军远征中国致巴特勒上尉的信》（雨果）、《论教养》（利哈乔夫）、《精神的三间小屋》（毕淑敏）。课文的前两篇为教读课文，后两篇为自读课文。教读课应以教师讲为主，自读课则由学生自主阅读。

该单元的教学目标，在"单元提示"里说得非常清楚："本单元所选的都是议论性文章。它们或谈人生，或议社会，或论教养，无不闪耀着思想的光芒。作者在阐述观点时，有时直接阐释道理，有时运用材料进行论证，论述严密，说服力强。阅读这类文章，可以深化我们对社会、人生的认识，提高思辨能力"，"学习这个单元，要了解议论性文章的特点，把握作者的观点，区分观点和材料，理清论证的思路，学习论证的方法"。

从该"提示"中我们可以看到，每个单元，无论是学科的"语修逻文"，还是育人的"立德树人"，都指向明确。在备课和教学时，教者如果能从"课文意识"逐步上升为"单元意识""全册意识""学段意识"，进而具有"全局观念"，在用好语文教材、减轻学生负担、提高课堂效率、提升语文素养等方面，一定能够驾轻就熟、有的放矢。

二、坚持有效取向：站在教者的角度

关于有效教学，笔者曾在一些文章里谈过，比如《理顺开放课堂的辩证关系》《且翻且转且坚守》《例说层进式阅读》《"教死"或"教活"，只看"人的发展"》等。这里，选取其中的一些观点供读者参考。

（一）有效教学"四轮驱动"

有效教学，就是教学效率高、教学效益实、教学效果好的一种教学方式。有效教学源于先进的教育理念和真实的面向全体，源于深入的文本解读和准确的目标定位，源于科学的教学设计和独特的教学风格，源于和谐的教学氛围和良好的习惯养成等。笔者认为，"情感交融""文本学习""课堂管理""习惯催逼"是有效教学最关键的"四轮驱动"。氛围和谐，产生内驱力；先学后教，发挥文本力；动静相宜，形成课堂力；习惯催逼，养成自制力。"四轮驱动"，教学得力；"四力"合一，师生受益。

（二）理顺课堂的辩证关系

曾几何时，一谈到新课改，一些教师便认为，这意味着把课堂完全交给学生，让课堂自由生成，让学生自主生长。经过多年的摸索和沉淀，现如今大多课堂已步入"中庸课堂"，也就是在"放"与"不放"之间，求取了

"最大公约数"。概括而言，大体包括："放开展示，不放指导""放开体验，不放示范""放开对话，不放效率""放开课堂，不放质量""放开过程，不放目标"等。"放"与"不放"兴味长，细细咀嚼得真味。只有理顺这些辩证关系，坚持理性的课堂思维，有效教学、减负提质才能落地生根。

（三）发挥教者的创造性

教育教学，是一门创造性学问。墨守成规、鹦鹉学舌、人云亦云、亦步亦趋，终将难以抵达卓越之境。笔者曾做过一些有益尝试，这里与读者分享。比如，在临近中考的前五十天时，我承诺，为每个学生写一篇短文，来表达学生在我心中的印象。此后，我每天坚持写两个学生，并在班上有选择地读上一两篇。这样，几乎所有学生都在待人接物、听讲作业等方面更加积极，更加优秀。再之后，我用自己所写的文字，主讲了一节"猜猜他是谁"的作文课，一节课下来，学生"笑语声声，佳作频频"。通过这样的方式，我实现了作文教学和立德树人的高度统一。再比如，我选用《练习册》上文质兼美的文章，就其选题立意、谋篇布局、遣词造句等方面的某个特点，让学生品味、仿写，以此增加学生的阅读量，提升学生的文学品味能力，形成良好的语感。还有，每年的中考调研考试结束后，我便开始命制一两套原创试题，包括阅读文段，做到文章自己选、题目自己出、答案自己拟。就这样，我便可以站在命题者的角度去组织复习应考，而课文教学则可以站在自我的角度去使用教材、设计教案……如此这般，不亦乐乎？

三、发展核心素养：站在学生的角度

无论是"中国学生发展核心素养"，还是"语文学科核心素养"，尤其是后者的培植，都得依赖语文教材、依靠语文课堂、依托语文活动、依归名著阅读。

《普通高中语文课程标准（2017年版）》将语文学科核心素养概括为四个方面，即"语言建构与运用""思维发展与提升""审美鉴赏与创造"和"文化传承与理解"。这为中小学语文教育教学、语文素养培植指明了方向。这里，笔者就九年级上册必读名著《艾青诗选》和《水浒传》，从素养和减负等角度略作阐释。

《艾青诗选》：品读式。教师不妨这样导读：一是制订计划。笔者手头的这个版本（人民教育出版社2018年6月出版），共收录了艾青的98首诗歌，

可以按数量或按年代制订阅读计划，分三到四周读完。二是知人论世。从诗人所处的特定年代、所经的人生阅历着手，了解写作背景，增加感性认识。三是揣摩意象。紧扣"黎明""土地""太阳"等意象，分析诗歌主题，学习阅读方法。四是品味语言。包括分析手法（修辞手法、表达方式、写作技法等）的作用，体会词句的精妙。比如在教学《街》这首诗时，教者可以让学生尝试通过品味语言，从而理解该诗通过对一条街、一座城、一群人的刻画，表现出战争给桂林、给中国留下的满目疮痍，给老百姓造成的深重灾难；并从一个新女兵的身上，体现出中国工农革命军的昂扬斗志和蓬勃朝气。

《水浒传》：章回式。也即是"按照章回特点，读懂梁山好汉"。"逼上梁山""官逼民反""英雄末路"，是《水浒传》中的三个关键词。教者可以从这几个关键词入手，带领学生走进这本名著。该书最精彩的部分在"逼上梁山"，一个个好汉个性鲜明，一桩桩事件惊心动魄，可以让学生通过"鲁十回"（"林十回"）"宋十回""武十回""李十回"等梳理情节、分析人物。关于人物分析，我们可以着重放在宋江身上。宋江之前的仗义疏财、扶危济困，同后来的口是心非、沽名钓誉，形成了鲜明的对比。因此可以说，水泊梁山，成也宋江，毁也宋江；百零八将，聚也宋江，死也宋江。这样，可以让学生认识到，阅读《水浒传》既不要崇拜某一个英雄，也不要否定某一个好汉；取其精华，去其糟粕，乃是智慧之举，亦为读书之法。

"学科核心素养是学科育人价值的集中体现，是学生通过学科学习而逐步形成的正确价值观念、必备品格和关键能力。"（《普通高中语文课程标准（2017年版）》）但是，如果离开了名著阅读，恐怕无法完整地发展学生的语文学科素养了。在课业负担依旧很重的情况下，教师在为学生名著导读时适当减负，也不失为一种实事求是的教学精神。

教育减负，是为回归教育本源，更为全面发展育人。因此，在实施教育教学的过程中，作为教师的我们，绝不能简单地矮化目标、窄化要求、弱化功能。

一手抓减负，一手抓增效，我们只有潜心教研、用心育人，才能为学生发展、民族复兴做出应有的贡献。

笔者认为，"减负"与"提质"，这既是一名教师核心素养的综合体现，也是新时代教师的发展方向。

第二章
中华文化与语文教育

中华优秀传统文化与语文教育

文化兴则国运兴，文化强则民族强。任何一个民族的现有文化，都是经优秀传统文化的不断传承和丰富积淀而形成的。正是这一客观规律，决定了我们必须以中华优秀传统文化为基础，坚守国家意志，立足当代现实，坚持为人民服务、为社会主义服务，与时俱进、赓续前行。

在语文课程的实施过程中，我们应当明晰课标要求，明了教材蕴涵，明确时代需求，依据学生年龄特征和语文课程特点，依托教材、深入挖掘、合理选择、因地制宜地将中华优秀传统文化进行创造性转化和创新性发展，更好地为提升学生的语文核心素养服务。

一、语文课标简析

针对《语文课程标准（2022）》中关于中华优秀传统文化这个"主题与载体形式"的阐释，我们可以将其称为"两创要求""三大主题""五类载体"。具体如下：

两创要求

围绕"创造性转化"和"创新性发展"两个基本要求，确定中华优秀传统文化内容主题。

何谓中华优秀传统文化的创造性转化？就是"要按照时代特点和要求，对那些至今仍有借鉴价值的内涵和陈旧的表现形式加以改造，赋予其新的时代内涵和现代表达形式，激活其生命力"。

何谓中华优秀传统文化的创新性发展？就是"要按照时代的新进步新进展，对中华优秀传统文化的内涵加以补充、拓展、完善，增强其影响力和感召力"。

三大主题

（1）核心思想理念：讲仁爱、重民本、守诚信、崇正义、尚和合、求大同等理念；（2）中华人文精神：有利于促进社会和谐、鼓励人们向上向善的精神；（3）中华传统美德：自强不息、敬业乐群、扶危济困、见义勇为、孝老爱亲等美德。

五类载体

（1）汉字、书法；（2）成语、格言警句；（3）神话传说、寓言故事、历史故事、民间故事、中华民族团结一家亲的故事；（4）古代诗词、古代散文、古典小说；（5）古代文化常识、传统节日、风俗习惯等。

二、教材蕴涵列举

（一）汉字、书法

《中小学书法教育指导纲要》指出，汉字和以汉字为载体的中国书法是中华民族的文化瑰宝，是人类文明的宝贵财富。书法教育对培养学生的书写能力、审美能力和文化品质具有重要作用。汉字、书法是中华优秀传统文化的首要载体。

1. 汉字

与中华文化关系最密切的莫过于汉字。当我们的祖先用原始工具在树枝或其他物体上刻下第一笔时，这便成为中华文化的原始印迹。文字的发明、使用、演变，记录了原始人类的生活起居及其他社会活动，记录了朝代更迭和文化兴衰，记录了儒、道、法等百家思想智慧。

如"儒"字。"儒"从人从需。"需"，是指等待着雨水的滋润。儒者，就是知雨而能待、雨后能再行的人，即具有积极进取精神的君子。这就是儒家文化的基本智慧。

如"仁"字。"仁"者，亲也，从人从二。意为一个人站立时，要考虑到其他两个人，也就是要换位思考。"二"也可看作等号，即平等博爱。"仁"是孔子伦理思想核心，它包括孝、悌、忠、恕、礼、知、勇、恭、宽、信、敏、惠等方面内容。

2. 书法

书法是中华民族独有的艺术形式和精神载体。它以汉字为基础，借助笔墨纸砚，通过笔法、间架、章法来建构作品，通过文句、提款、印章来表情达意。作者的文化底蕴、品行情绪，时代的精神风貌、文化特色，均可从书法作品中窥见一二。

《中小学书法教育指导纲要》对硬笔和毛笔书法学习的目标与内容均有明确的规定。比如硬笔这样规定："初中阶段，学写规范、通行的行楷字。"

语文教材上有许多名家书法作品。这里以初中语文教材为例，略作列举：

赵孟頫书法：《陋室铭》（七年级下册P103）。

周恩来书法："勿忘鉴湖女侠之遗风，望为我越东女儿争光！"（九年级下册P60）

毛泽东书法：《过零丁洋》（局部，九年级下册P139）。

教材中每篇课文课后的"读读写写"部分，都用田字格呈现钢笔书法（七年级为楷书，八、九年级为行楷），体现了汉字作为方块字的基本特点，可引导学生"工工整整写字，堂堂正正做人"。

（二）成语、格言警句

1. 成语是汉语言文化的精髓

从形式来看，成语以四字格为主体，追求平仄和谐与音韵搭配。从内容来看，天文地理、宗教历史、文学典故、饮食起居、政治军事等，几乎无所不有、无处不在。因其形式简洁、内涵丰富，成语成了展示中华文化的窗口和平台。

语文教材中，除诗文中包含众多的成语外，一些知识框还进行了成语专题介绍。如七年级上册P34讲述了两个成语典故："管鲍之交""割席断交"。八年级下册P121讲述的《礼记·檀弓》故事二则，包含"苛政猛于虎""嗟来之食"等成语。八年级上册P49—P50"古代关于'信'的名言和故事"包含"曾子烹彘""立木为信（商鞅立木）"等成语。

2. 格言警句，是指导人们行为规范的言简意赅的语句

格言警句能够时刻提醒、激励或警醒人们积极向上、积德行善。比如七年级上册P82通过"反义词"呈现："虚心使人进步，骄傲使人落后""学如

逆水行舟，不进则退"。

七年级下册 P54"爱国名言小窗口"："苟利社稷，死生以之"（《左传·昭公四年》）；"保天下者，匹夫之贱与有责焉耳矣"（顾炎武）；"我荣幸地以中华民族一员的资格，而成为世界的公民。我是中国人民的儿子。我深情地爱着我的祖国和人民"（邓小平）；等等。

七年级下册 P109"古籍中关于'孝'的论述"："孝，善事父母者"（《说文解字·老部》）；"孝子之至，莫大乎尊亲"（《孟子·万章上》）；等等。

七年级下册 P161"名联欣赏"："室雅何须大，花香不在多"（宅联）；"海纳百川，有容乃大；壁立千仞，无欲则刚"（林则徐自题联）；等等。

（三）神话传说、寓言故事、历史故事、民间故事、中华民族团结一家亲的故事

这些故事常见于课文，在"综合性学习"的小方框中也时常有之。

神话传说，如《女娲造人》（七年级上册）。

寓言故事，如《狼》《穿井得一人》《杞人忧天》（七年级上册）；《愚公移山》（八年级上册）。

历史故事，如《孙权劝学》（七年级下册）；《周亚夫军细柳》（八年级上册）；《祖逖闻鸡起舞》《范仲淹断齑画粥》（九年级上册综合性学习《君子自强不息》）等。

民间故事，如《"六尺巷"的故事》（八年级下册"综合性学习"《以和为贵》）。

（四）古代诗词、古代散文、古典小说

古代诗词，既包括课文里的古典诗词，也包括"课外古诗词诵读"中的古典诗词。此外还有"综合性学习"中出现的相关诗词，比如七年级下册 P53 的"爱国诗词小提示"中屈原、杜甫、陆游、辛弃疾、文天祥等人的诗词；八年级下册 P68—P70"唱古诗"中的诗词（《卜算子》）、"分门别类辑古诗"（古诗中的"雨"、古诗中的"花"）等。

古代散文，如《〈世说新语〉二则》《〈论语〉十二章》《诫子书》（七年级上册）；《卖油翁》《陋室铭》《爱莲说》等（七年级下册）。

古典小说，既包括整本书阅读，如《西游记》《镜花缘》《水浒传》《聊

斋志异》《儒林外史》等；也包括名著选段，如《三顾茅庐》《刘姥姥进大观园》等课文。

2023年春季开始，初中语文教材换上了朱自清的《经典常谈》，该书将成为中学生了解、传承中华优秀传统文化的一本必读名著。

（五）古代文化常识、传统节日、风俗习惯等

文学常识，如"古代常见的敬辞与谦辞"（七年级上册P31），敬辞类包括"令""惠""垂""赐""高""贤""奉"等，谦辞类包括"家""舍""小""愚""拙""敝""鄙"等。

还有"关于律诗"（八年级上册P61）；"历代名家评《史记》"（八年级上册P134）；"《诗经》简介"（八年级下册P65）；"《新乐府序》"（八年级下册P127）；"昆曲、京剧、越剧、黄梅戏代表剧目"（九年级下册P122）。

传统节日和风俗习惯，如《阿长与〈山海经〉》《社戏》《安塞腰鼓》等文中所蕴含的相关节日与习俗。

三、单元教学例说

中华优秀传统文化的创造性转化和创新性发展，二者既紧密联系、不可分割，又各有侧重、有所区别。如果说"创造性转化"重在"继往"，那么，创新性发展则重在"开来"；如果说"转化"是过程，那么，"发展"才是目的。

就语文课程而言，我们应紧扣"三大主题"和"五类载体"，以教材为基础，努力挖掘教材中所蕴含的文化元素，让学生在语文学习过程中不断传承和发扬中华优秀传统文化。

这里，以八年级上册第六单元为例，略作说明。

（一）关于阅读

该单元包含"阅读""写作""综合性学习""课外古诗词诵读"四个部分。其中"阅读"部分包括《〈孟子〉三章》《愚公移山》《周亚夫军细柳》《诗词五首》四篇课文。

1. 《〈孟子〉三章》

总体来说，本文是孟子希望通过自己的游说和雄辩，来推行自己的"仁

政"主张。该主张包括了核心思想理念、中华人文精神、中华传统美德等"三大主题"。

具体而言,《得道多助,失道寡助》强调了行仁政的重要性:"得民心者得天下,失民心者失天下"。"人和"这一观念直到今天仍有积极的思想价值。

《富贵不能淫》,作者用"妾妇之道"类比,提出了"大丈夫"的标准:"富贵不能淫,贫贱不能移,威武不能屈。"

《生于忧患,死于安乐》通过列举舜、傅说、胶鬲等人的事例,阐述了"生于忧患,死于安乐"的道理。

需要说明的是,关于《富贵不能淫》中的"以顺为正者,妾妇之道也"这一观点,教师应当让学生明确:时至今日,一夫一妻制受到法律保护,"妾妇之说"早已不复存在,但现实生活中"妾妇之道"却依然时有隐现,"妾妇之道"应当被根除。

《〈孟子〉三章》分别通过正反对比论证、类比论证、举例论证等方法进行论辩,教学中可通过多种形式的诵读,体会孟子强烈的社会责任感、深刻的忧患意识和坚守"仁""礼""义"的儒家思想。

2.《愚公移山》

学生可着重通过朗诵,体会愚公着眼长远、不怕困难、持之以恒等品质;通过对比愚公与其妻、愚公与智叟的对话,分析愚公之妻和智叟对待愚公移山的不同态度。针对这则寓言,教者还应引导学生体会文章寓意:只要认识客观规律,不怕困难,坚持不懈,定能获得事业上的成功。

愚公移山的精神会过时吗?自然不会。可以说,每一个历史时期,我们都需要这种精神。

1945年6月11日,中共七大闭幕式上,毛泽东引用《愚公移山》这一寓言故事,并发出号召:愚公家门前有两座山,中国人民头上也有两座大山,一座叫作帝国主义,一座叫作封建主义,只要中国共产党发扬愚公移山的精神,不断地工作,动员全国人民大众一齐起来,就会推翻这两座大山。

2015年11月27日—28日,中央扶贫开发工作会议在北京召开。习近平总书记在会上强调,脱贫攻坚战的冲锋号已经吹响。我们要立下愚公移山志,咬定目标、苦干实干,坚决打赢脱贫攻坚战。

这便是一代人有一代人的使命，一代人有一代人的担当，一代人有一代人的愚公精神。

3.《周亚夫军细柳》

本文讲述了汉文帝刘恒到周亚夫的细柳营慰问军士的事。周亚夫没有迎接汉文帝，最后才露面，且只说一句："介胄之士不拜，请以军礼见。"通过对比和衬托，文章生动地刻画了一个治军严谨、刚正不阿的将军形象，表现周亚夫忠于职守、治军严明等特点。

汉文帝非但没有责备、治罪周亚夫，反而称其为"真将军"，可见文帝亦为"真明君"。在21世纪的今天，《周亚夫军细柳》依然焕发着时代光辉：作为下属或晚辈，要敢于坚持自己的原则；作为领导者或前辈，要懂得欣赏这种坚持。只有这样，事业才能兴旺发达。

在《周亚夫军细柳》一文的教学中，教者可通过分角色朗读的方式，感受周亚夫身上所具有的"真将军"形象。

有人总结得好，上述三篇课文，代表了三种君子形象：孟子——雄辩君子；愚公——志诚君子；周亚夫——刚正君子。这三种形象，在新时代的今天依然闪闪发光。

教学中，除加强诵读外，教者还可以借助"知识卡片""补充材料""仿写训练"等方式，来增强学生对这些君子形象的感性认识和理性认识，并以此将中华优秀文化内化为学生的思维方式和思想品质。

鉴于篇幅原因，关于《诗词五首》以及"课外古诗词诵读"，不作说明，下面只就"写作"和"综合性学习"略说几句。

(二) 关于写作

该单元的写作要求"表达要得体"。此处的表达，指的是书面表达。表达要得体，便是在写作感谢信、邀请函、倡议书、演讲稿等与人交际的应用文时，要根据不同场合、不同目的、不同身份、不同对象等选用合适的语言，恰当地表情达意。

中华民族乃礼仪之邦。与人交往时（无论是口头交往，还是书面交往），恰当地使用礼貌用语，是一个有文化素养的人的自然体现。比如，到别人家做客，应用"拜访"；宾客来访自己家，应用"光临"；对于年长者，应称呼

"您";直呼其名时,应称呼为"××先生""××女士";等等。如果能恰当地应用一些谦辞或敬辞,则显得更加文雅得体;但如果误用,便贻笑大方。

(三)关于综合性学习

该单元的综合性学习为"身边的文化遗产"。《语文课程标准(2022)》指出,要增强课程实施的情境性和实践性,促进学习方式变革,"从学生语文生活实际出发,创设丰富多样的学习情境,设计富有挑战性的学习任务,激发学生的好奇心、想象力、求知欲,促进学生自主、合作、探究学习"。"综合性学习"便是增强情境性和实践性的主要呈现方式。

本次综合性学习,给出了这样的"情境性和实践性"提示:国务院决定自2006年起,将每年6月的第二个星期六定为我国的"文化遗产日",2016年调整为"文化和自然遗产日"。"今年"的"文化和自然遗产日"即将到来,市里准备组织评选本市优秀文化遗产项目,以制定相应的宣传保护措施。请根据"资料夹"中的资料,以班级为单位,组织推荐、评选,并模拟申请和答辩。

以湖北省黄梅县某学校为例,可推荐黄梅戏、黄梅挑花、岳家拳等项目作为"文化遗产候选项目"。通过实地考察、人物访谈、书刊阅读、网络搜索等方式获取资料,发掘其独特的人文和历史价值;通过小组分工合作,撰写《优秀文化遗产申请报告》,力求图文并茂、富有感染力;各小组举荐一位组员担任"申遗代表",负责介绍本小组推荐的项目;其他组员组成助威团,并参加答辩……活动结束,参考教材中的"资料四:世界遗产青少年苏州宣言",以"我与文化遗产"为话题,自拟题目,写一篇作文,谈谈对文化遗产保护的认识和思考。

教师应舍得投入时间和精力,投入热情和智慧,精心组织相关语文活动,并与学生一起进行"综合性学习"。这样,在具体的、生动的语文学习情境中,创造性转化和创新性发展中华优秀传统文化,切实提升语文课程核心素养,便是一件自然而然的事情了。

(四)关于单元教学设计

统编本语文教材以"双线组元"的方式来组织单元结构。

从"人文主题"来看,本单元的几篇课文都与人的理想、追求、品格、志趣相关。因此，感受古人的智慧与胸襟应成为本单元的"人文主题"。

从"语文要素"来看，作为古诗文单元，必然要积累文言词语和名言警句，同时还应当从文章特点出发，学会"对比"的写作手法。

"双线组元"，要求"双管齐下"。也就是说，不能因为中华优秀传统文化的传承而忽视语文知识的积累，应当在"工具性"和"人文性"上，"两者都要抓，两手都要硬"。

在文言文、古诗词单元中，诵读是一个重头戏。通过诵读，感受文言文、古诗词的音律之美；通过诵读，感受古代仁人志士的人格魅力和精神风貌；通过诵读，牢记文言诗文，熟记字词解释；通过诵读，让自己成为一个中华优秀传统文化的创造性转化者、创新性发展者。

革命文化与语文教育

语文是传承革命传统、感受爱国主义精神、体认伟大建党精神的重要课程。而革命文化作品的教学，是落实语文要素和立德树人的重要途径。

《革命传统进中小学课程教材指南》指出，初中语文应"选择反映理想信念、革命斗争精神、爱国主义情怀、艰苦奋斗传统等方面的文学作品，革命领袖的经典诗文，有关英雄模范的新闻、通讯、报告文学等，使学生理解作品中蕴含的中国共产党坚定理想、百折不挠的奋斗精神，立党为公、忠诚为民的奉献精神等，努力向英雄模范、先进人物和各行各业的标兵学习，培育忠于祖国和人民的优秀品质"。这为我们在语文教育教学中，通过革命文化作品教学，让学生陶冶性情、坚定志向，树立正确的世界观、人生观和价值观，指明了方向和路径。

一、语文课标简析

《语文课程标准（2022）》对"革命文化"作了简要阐释："围绕伟大建党精神，确定革命文化内容主题，注重反映理想信念、爱国情怀、艰苦奋斗、无私奉献、顽强斗争和英勇无畏等革命传统。"

从《中国共产党简史》可以看到，中国共产党人的精神谱系，在新民主主义革命年代是以红船精神、井冈山精神、苏区精神、长征精神、延安精神、沂蒙精神、西柏坡精神等为核心；在社会主义革命和建设、改革开放和社会主义现代化建设、新时代中国特色社会主义等历史阶段，又形成了以"两弹一星"精神、女排精神、航天精神、北京奥运精神、抗震救灾精神、脱贫攻坚精神等伟大精神为核心的，具有独特价值的一种文化形态。这便是我们今天所说的"革命文化"。

《语文课程标准（2022）》关于革命文化的主要载体作了具体说明，主要包括老一辈无产阶级革命家和革命英雄人物的代表性作品等五个方面。本文将围绕新民主主义革命年代老一辈无产阶级革命家和革命英雄人物的相关作品来阐发革命文化。

二、教材蕴涵列举

统编本初中语文教材包含着丰富的革命文化题材的作品。下面，按其载体列举如下。

（一）老一辈无产阶级革命家和革命英雄人物的代表性作品

如《纪念白求恩》（七年级上册）；《我三十万大军胜利南渡长江》《人民解放军百万大军横渡长江》（八年级上册）等。

（二）反映老一辈无产阶级革命家和革命英雄人物生平事迹的传记、故事等作品

如《说和做——记闻一多先生言行片段》（七年级下册）；《回忆鲁迅先生》（七年级下册）。

（三）反映党领导人民革命的伟大历程和重要事件的作品

如《白洋淀纪事》（七年级上册）；《红星照耀中国》《长征》（八年级上册）。

（四）有关革命传统人物、事件、节日、纪念日活动等方面的作品

如《土地的誓言》（七年级下册）。

（五）阐发革命精神的作品，及革命圣地、革命旧址和革命文物等

如《黄河颂》《红岩》（七年级下册）；《白杨礼赞》（八年级上册）；《回延安》（八年级下册）等。

三、教学基本原则

革命文化作品，因其思想内容和载体立场有着一定的特殊性，因而在教育教学中应坚持如下"四性"。

（一）坚持思想性，即坚持价值取向的原则

革命传统教育的目的，在于使学生从小植入红色基因，继承弘扬革命传统。《革命传统进中小学课程教材指南》明确了其思想内容主要包括七个方面：一是中国共产党的领导地位，二是共产主义理想信念，三是以人民为中心的立场，四是实事求是思想路线，五是革命斗争精神，六是爱国主义情怀，七是艰苦奋斗传统。

坚持价值取向原则，就是要警惕价值异化，防止思想窄化，避免内涵泛化，谨慎多元解读，从而更好地传承革命传统、赓续红色血脉。

比如臧克家的《说和做——记闻一多先生言行片段》中的一句："闻先生的书桌，零乱不堪，众物腾怨，闻先生心不在焉，抱歉地道一声：'秩序不在我的范围以内。'"这里的"心不在焉"和"秩序不在我的范围以内"，不能用"做事不专心""无秩序意识"这样的理解来进行"个性化解读"，而应当让学生认识到，闻一多先生因为"要给我们衰微的民族开一剂救济的文化药方"，而废寝忘食、孜孜不倦、不拘小节、不拘一格。

（二）坚持学科性，即坚持文道合一的原则

我国的语文教育，一贯提倡"文以载道""文道合一"。"文"即文辞、文句、文章，这里指的便是承载着革命文化的文学作品。"道"即道理、道德、道义，也就是相关文本中所蕴含的理想信念、爱国情怀、斗争精神等。

坚持文道合一原则，就是把文本学习与精神传承有机结合，努力做到水乳交融、水到渠成，而不是牵强附会、强化认知。

比如《说和做——记闻一多先生言行片段》一文中："他'做'了，在情况紧急的生死关头，他走到游行示威队伍的前头，昂首挺胸，长须飘飘。他终于以宝贵的生命，实证了他的'言'和'行'。"这段话通过对闻一多先生的行为、神态描写，表现了闻一多先生作为一名革命者，面对危险时积极向前、从容不迫，一副大无畏的英勇形象。

教学中，教者可以通过有感情的朗读和有神情的表演，让学生很自然地体会到闻一多先生是一位"大勇的革命烈士"，是"口的巨人"，是"行的高标"。

（三）坚持融合性，即坚持单元整合的原则

单元整体教学设计，应当在目标的提炼、内容的整合、任务的设置、活动的安排等方面，将整个单元的学习内容和语文活动作为一个整体来系统规划、科学设计。

纵观初中语文教材，没有哪一个单元的全部课文都是关于革命文化的，但这并不影响教师在单元整体教学设计和实施时进行革命文化的教育。

这里继续以《说和做——记闻一多先生言行片段》一文所在的七年级语文下册第一单元为例。

本单元的"阅读"包括杨振宁的《邓稼先》、臧克家的《说和做——记闻一多先生言行片段》、萧红的《回忆鲁迅先生（节选）》、《孙权劝学》，"写作"要求是"写出人物的精神"。

整合该单元的"阅读"，教师应引导学生结合人物生平及其所处时代，把握典型事件和相关细节描写中所蕴含的人物的非凡气质，体会到这些人物对理想的憧憬与追求。这便是"人文主题"方面的一种共同指向。

整合该单元的"阅读"，还应当引导学生通过整体感知、片段精读，把握关键语句或段落，揣摩品味其含义和表达的妙处，并把握人物的性格特征。这便是"语文要素"方面的一种落实方法。

从"人文主题"来看，作为博学睿智的科学家——邓稼先，为中华民族的崛起，为国家核武器事业的奠基事业，鞠躬尽瘁，死而后已；

作为叱咤风云的政治家——闻一多，既是一名卓越的学者，也是一名伟大的爱国者，言行一致，视死如归；

作为为人类奉献宝贵精神食粮的文学艺术家——鲁迅，平易近人、和蔼可亲，幽默风趣、做事严谨，关心家人、体贴青年，忧国忧民、殚精竭虑；

作为决胜千里的军事家——吕蒙，听从孙权的劝告后，发愤图强，笃志求学，博览群书，长进惊人。

四个人物，所处年代不同，各自身份不同，但他们有一个共同之处，那就是孜孜不倦地追求着各自的人生理想。

坚持融合性，还包括将教材中甚至教材外的其他教学资源进行恰当的整合。比如教学《说和做——记闻一多先生言行片段》一文时，我们可以将其与闻一多的《最后一次演讲》进行整合，让学生对闻一多"'说'了就'做'""是口的巨人""是行的高标"有一个更真切、更丰满的认识。

（四）坚持人本性，即坚持适切学生的原则

革命文化教育的对象是学生，但不同年龄阶段的学生在知识结构、认知特点、生活境遇、成长历程等方面会有一定的区别。

《革命传统进中小学课程教材指南》中关于小学、初中学段的要求如下：

学段	选材方向	教育内容	具体要求
小学	围绕政治思想与道德启蒙	注重选择革命领袖、革命英雄事迹故事、革命文物、革命歌曲等	激发学生对革命领袖、英雄人物的崇敬之情和学习意愿，感受忘我奉献、艰苦创业、团结拼搏的高尚品质和爱国主义情怀，感知幸福生活来之不易，培养对中国共产党和中华人民共和国的朴素感情，增强民族自豪感，初步树立为国家富强而奋斗的志向
初中	围绕政治觉悟提高和品德锤炼	注重选择各个历史时期重大历史事件、伟大成就、代表性人物及其感人事迹	使学生感悟百折不挠的奋斗精神、忠诚为民的奉献精神，了解中国共产党领导中华民族从站起来、富起来到强起来的历程，懂得没有共产党就没有新中国的道理，做到知史爱党、知史爱国、知史爱军，努力用实际行动把红色基因传承下去，形成奋发进取的精神面貌

通过比较，我们可以看到，初中学段与小学学段在选材方向、教育内容、具体要求等方面有一定的进阶性。

与此同时，从学生的认知特点、知识储备、人生阅历来看，革命文化教育与之存在着一定的冲突。比如《说和做——记闻一多先生言行片段》一文中"他要给我们衰微的民族开一剂救济的文化药方"这句话，今天的学生理解起来比较困难。

作为语文教育，我们应当让学生认识到：20世纪初，中国内忧外患。在外部，帝国主义列强环伺左右，虎视眈眈。在内部，辛亥革命推翻了统治中国几千年的封建君主专制制度，建立起共和政体，但军阀割据，矛盾尖锐，人民赋税沉重，苦不堪言。中国的出路在哪里？闻一多先生曾过了十多年的

"书斋生活",希望用文化来唤醒国人,通过文化来振兴民族。

这样分析之后,学生便能理解到,上面的这句话饱含着闻一多先生忧国忧民、勇于担当的崇高品质。

通过这样的教育,学生便能更好地懂得:中国革命的胜利,凝聚着千百万革命前辈艰苦的斗争和宝贵的生命;作为新时代的少年,要懂得今天的幸福生活来之不易,国家的繁荣富强、长治久安需要每一代中华儿女共同努力;只有发扬革命前辈艰苦奋斗、无私奉献的精神,才能不负青春、不负此生。

四、整本书阅读例谈

《语文课程标准(2022)》指出:"阅读革命文学作品,如《革命烈士诗抄》《红岩》《红星照耀中国》等,体会、评析革命领袖、革命英雄的爱国精神和人格魅力。"这里以《红星照耀中国》为例,谈谈如何通过整本书阅读让学生体认伟大建党精神。

《红星照耀中国》是一部纪实作品。它真实地记载了1936年斯诺在红色中国的所见所闻,客观地向全世界报道了中国共产党和中国工农红军的真实情况,如实而全面地展现了毛泽东、朱德、周恩来等人的生活经历和领导风采。阅读此书,学生可以了解中国工农革命的一段艰苦历程,从中可以感性地理解长征精神、延安精神等,还可领略毛泽东等人的思想光辉。

笔者建议采用"摘要式"的阅读方法:一边阅读,一边摘记,一边思考。下面,笔者将从三个方面作简要说明。

(一)序言与目录

有很多读者,一拿到书便直接翻到正文,总想尽快地欣赏书中的故事情节。这种读书方法,似乎也没什么毛病。但对于像《红星照耀中国》这类的纪实作品,最好还是先看看正文之前的序言和目录,甚至包括目录之前的照片。

看照片的好处,在于能够尽可能多地获取一些关于本书写作背景的感性认识。比如作者埃德加·斯诺的照片、毛泽东的照片、朱德的照片,能够真实再现当年的人物形象和生活场景。经验告诉我们,感性认识越丰富,阅读的兴趣便越浓厚,对于人物的个性和作品的主题也能认识得越深刻。

当我们阅读完图片、序言之后，全书的基本轮廓便呈现在眼前了。这样，我们阅读起来就像手里拿着一张导游图，对于即将开启的阅读之旅，既充满期待，又不觉迷乱。

（二）问题与人物

这一部分，笔者从两个方面展开。

1. 关于"问题"

作者因为有着"一些未获解答的问题"，便开始了冒险之旅。这些问题，既是作者个人的疑问，也是当时中国苏区以外的人们普遍存在的疑问，乃至是关注中国的外国人共同存在的疑问。列举这些问题，也正好总起全书。这些问题，我们可以用概括的方式来摘要。比如：

中国的红军是不是一批自觉的马克思主义革命者，服从并遵守一个统一的纲领，受中国共产党的统一指挥呢？如果是，那么那个纲领是什么？（可概括为：中国红军的纲领是什么？）

爱因斯坦曾说：提出一个问题，往往比解决十个问题更重要。在社会学中，提出问题照样需要一定的洞察力。然而，当时的中国"几年以来一直遭到铜墙铁壁一样严密的新闻封锁而与世隔绝"，要寻求这些问题的答案，唯一的办法就是进入苏区，直接面对、观察、采访中国共产党人。

为了保险起见，作者身上注射了凡是能够弄到的一切预防针，在臂部和腿部注射了天花、伤寒、霍乱、斑疹伤寒和鼠疫的病菌。这种做法，是很能打动读者的。当然，冒险精神还需要科学精神作为支撑。

2. 关于毛泽东

关于毛泽东，作者用的篇幅最大，在总共十二个篇章中，几乎用上了《在保安》《一个共产党员的由来》两个篇章。大体来说，前者是一种"现代进行时"，后者是一种"过去进行时"。这里，笔者只是针对其中的部分章节，将毛泽东的"世界观""政治观"以及个性特点摘录下来，供读者了解。比如：

毛泽东认为，当时中国人民的根本问题是抵抗日本帝国主义；日本帝国主义不仅是中国的敌人，而且也是全世界所有爱好和平的人民的敌人；……要抗日成功，中国也必须得到其他国家的援助；但是如果没有一个国家加入

我们，我们也决心要单独进行下去！（摘自《共产党的基本政策》）

通过这样的摘要和梳理，我们一方面能更明了毛泽东的思想观点，同时还能深切地体会到他所具有的那种深邃的判断力和高瞻远瞩的远见性。

（三）立场与情感

内容真实、语言翔实、文风朴实是纪实作品的基本特点，但是，这并不意味作者在创作过程中没有渗透立场与情感。相反，往往因为某些立场和情感的存在，作品才更具可读性和感染力。

下面，笔者尝试通过书中一些文句，去探寻作者的立场和情感。

> 我很喜欢他。他是一个外貌诚实的青年，长得很匀称，红星帽下一头乌亮的黑发。在寂寞的山谷中遇见了他，令人安心。（《遭白匪追逐》）

这是作者在"去红都的路上"遇到的第一个红军，一个姓姚的、22岁青年战士。应该说，作者在到达苏区之前，对于红军是有所怀疑的，态度也基本是中立的。但随着采访的深入，这种情感、态度逐渐地发生着变化。

> 不论你对红军有什么看法，对他们的政治立场有什么看法（在这方面有很多辩论的余地），但是不能不承认他们的长征是军事史上最伟大的业绩之一。（《过大草地》）

在作者看来，长征的统计数字是触目惊心的，比如几乎平均每天就有一次遭遇战，平均每天行军七十一华里，这可说"近乎奇迹"！作者还认为，"在某种意义上来说，这次大规模的转移是历史上最盛大的武装巡回宣传"，宣传着"自由、平等、民主"。即便是在21世纪的今天，"自由、平等、民主"依然是人类最宝贵的精神财富！

教者通过红色经典整本书阅读，给学生进行革命传统教育，让学生体认伟大建党精神，应当是一件自然而然的事情。学生们所收获的，将是语文课程核心素养的整体提升。

社会主义先进文化作品与语文教育

社会主义先进文化，是中国共产党和中国人民在社会主义革命、建设和改革实践探索中形成的先进文化，是一种面向现代化、面向世界、面向未来的先进文化。它继承和发扬了中华优秀传统文化和革命文化的精华，是中华文化在当代中国的最新发展。历史实践证明，国家的发展进步，青少年的成长成才，离不开社会主义先进文化的引领和影响。

语文课程是社会主义先进文化的重要载体，也是传播和发展社会主义先进文化的重要途径。教学选用社会主义先进文化作品，让学生感受祖国从站起来到富起来到强起来的历史进程中所发生的日新月异、翻天覆地的变化，引导学生关注和参与当代文化生活，以此增强文化自信、提升语文素养。

一、语文课标简析

（一）内容主题

《语文课程标准（2022）》指出："围绕社会主义核心价值观，确定社会主义先进文化内容主题，突出爱党、爱国、爱社会主义相统一。"

党的十八大报告强调了"三个倡导"的核心价值观，即"倡导富强、民主、文明、和谐，倡导自由、平等、公正、法治，倡导爱国、敬业、诚信、友善，积极培育和践行社会主义核心价值观"。"三个倡导"分别从国家、社会、公民三个层面，阐述了价值目标、取向和准则。

语文课程通过语言文字、文化作品和语文活动，倡导学生从小确立社会主义核心价值观，更有利于培养担当民族复兴大任的时代新人，培养有理想、有本领、有担当的时代新人。

（二）主要载体

《语文课程标准（2022）》指出了几类载体，下文"教材蕴涵列举"部分将结合相关课文、整本书再作具体说明。在三大作品中，社会主义先进文化作品相对较少。这里以近年来的"感动中国"人物事例，来给此类作品略作补充。比如——

感动中国 2020 人物：张定宇

2018 年 10 月，张定宇被确诊患有渐冻症，双腿日渐萎缩。2019 年 11 月，武汉市发生比较严重的流感，感染科病床已满，在做好消杀工作后，结核科等其他科室马上接收流感住院病人。这为疫情中的跨科室作战打了"前站"。武汉市金银潭医院是最早接诊新冠患者的定点医院，收治病人全部为重症和危重症患者。院长张定宇隐瞒自己患渐冻症的病情，顾不上已感染新冠病毒的妻子，一直坚守在抗疫一线。他说："虽然有愧疚，但当时不需要做取舍，能帮助到别人，觉得很幸福！"

感动中国组委会给张定宇写下了这样的颁奖辞：

步履蹒跚与时间赛跑，只想为患者多赢一秒；身患绝症与新冠周旋，顾不上亲人已经沦陷。这一战，你矗立在死神和患者之间；那一晚，歌声飘荡在城市上空，我们用血肉筑成新的长城。

感动中国 2021 人物：航天追梦人

中华人民共和国的航天事业起始于 1956 年。中国于 1970 年 4 月 24 日发射第一颗人造地球卫星。

自 1970 年以来，从航天大国迈向航天强国的道路上，中国航天人勇攀高峰、自立自强，用一个个坚实的脚印，把梦想化作现实。

感动中国组委会给中国航天人这个特殊的群体写下了这样的颁奖辞：

发射、入轨、着陆，九天探梦一气呵成；追赶、并跑、领跑，五十年差距一载跨越；环宇问天，探月逐梦，五星红旗一次次闪耀太空，中国航天必将行稳致远。

二、教材蕴涵列举

（一）反映社会主义建设事业中取得的重大成就、涌现出来的模范人物与先进事迹的作品

《邓稼先》《太空一日》（七年级下册）；《"飞天"凌空——跳水姑娘吕伟夺魁记》（八年级上册）等。

（二）反映当代中国从站起来、富起来到强起来的奋斗历程和重大事件，以及体现中国式现代化新道路和人类文明新形态的相关作品

《一着惊海天——目击我国航母舰载战斗机首架次成功着舰》（八年级上册）；《国行公祭，为佑世界和平》（八年级上册）；《飞向太空港》（八年级上册）等。

（三）反映和谐互助、共同富裕、改革创新、劳动创造美好生活等方面的作品

《老王》《创业史》《驿路梨花》（七年级下册）；《安塞腰鼓》（八年级下册）等。

三、单元教学例说

这里以八年级上册第一单元为例。它是一个"活动·探究"单元。该单元三项学习任务，语文教材从新闻阅读、新闻采访、新闻写作三方面提出了教学目标。

任务一"新闻阅读"，包括消息《我三十万大军胜利南渡长江》《人民解放军百万大军横渡长江》《首届诺贝尔奖颁发》，新闻特写《"飞天"凌空——跳水姑娘吕伟夺魁记》，通讯《一着惊海天——目击我国航母舰载战斗机首架次成功着舰》，新闻评论《国行公祭，为佑世界和平》；任务二"新闻采访"；任务三"新闻写作"。

我们看到，"新闻阅读"中属于社会主义先进文化的新闻作品有三篇。下面，笔者着重围绕这三篇文章，谈谈如何在落实"新闻阅读"目标的同时，对学生进行社会主义核心价值观教育。

1. 《"飞天"凌空——跳水姑娘吕伟夺魁记》是一篇新闻特写

新闻特写，是指采用类似于特写的手法，以形象化的描写作为主要表现手段，截取新闻实践中最具有价值、最生动感人、最富有特征的片段和部分予以放大，从而鲜明再现典型人物、事件、场景的一种新闻体裁。

（1）请从"形象化的描写"角度，品味课文中一些语言。

（2）文章最后一段似乎与"'飞天'凌空"这一特写关系不大，可否去掉？请谈谈你的看法。

当一个印度观众了解到这个姑娘是中国跳水集训队中最年轻的新秀时，惊讶不已。他说："了不起，你们中国的人才太多了！"

2. 《一着惊海天——目击我国航母舰载战斗机首架次成功着舰》是一篇通讯

通讯，是运用记叙、描写、抒情、议论等多种手法，具体、生动、形象地反映新闻事件或典型人物的一种新闻报道形式。人物通讯和事件通讯是两种最常见的通讯。严格的真实性、报道的客观性、较强的时间性、描写的形象性，是通讯的基本特点。

（1）试结合文章的具体内容，谈谈主标题"一着惊海天"的含义。

（2）请结合通讯这一体裁的基本特点，谈谈本文的精妙所在。

3. 《国行公祭，为佑世界和平》是一篇新闻评论

新闻评论，是作者对新近发生的有价值的新闻事件或有普遍意义的紧迫问题，运用分析和综合的方法，就事论理，就实论虚，进行及时性评论的一种新闻文体。新闻评论由论点、论据、论证三要素组成，具有政策性、时效性、针对性、准确性、独特性等方面特点。

（1）"钟声"是《人民日报》以此为笔名的国际评论，是"中国之声"的简称，把"中"字改成"钟"，取"警世钟声"的寓意。请结合文章具体内容，谈谈本文中所传达的"中国之声"，以及文章所包蕴的"警世钟声"的寓意。

（2）本文是针对什么新闻事件进行评论的？列举了哪些事例证明了全世界爱好和平与正义的人们共同维护和平？

2018年8月，习近平总书记在全国宣传思想工作会议上强调，要不断增

强脚力、眼力、脑力、笔力,努力打造一支政治过硬、本领高强、求实创新、能打胜仗的宣传思想工作队伍。

请结合上述三篇文章的某一篇,谈谈你对新闻工作者应具备"脚力、眼力、脑力、笔力"的理解。

四、整本书阅读例谈

以《飞向太空港》为例。自从有了人类,便有了对星空的畅想;自从有了望远镜,便有了对星空的遥望;自从有了飞行器,便有了对星空的探索。《飞向太空港》便是一本关于探索"星空"的著作。

(一)作为报告文学的《飞向太空港》

《飞向太空港》是一部报告文学。从字面上看,"报告文学"这一名词由两个词语组成,一是"报告",二是"文学"。报告,立足于新闻事件;文学,侧重于艺术形式。茅盾先生认为,报告文学是散文的一种,介乎于新闻报道和小说之间,也就是兼有新闻和文学特点的散文。

从"报告"角度看,《飞向太空港》一书讲述了中国航天人第一次和国外(美国)科学家合作,用"长征三号"运载火箭把"亚洲一号"通信卫星送入预定轨道过程中所发生的一系列的故事。该书记录了中国航天事业继往开来的辉煌时刻。

从"文学"角度看,该书在史料的穿插、人物的刻画、气氛的烘托、语言的运用、矛盾的冲突等方面都可圈可点。这也正如茅盾在《关于报告文学》中所说的那样,好的报告,须要具备小说所有的艺术上的条件——人物的刻画、环境的描写、氛围的渲染等。

鉴于该书的自身特点,笔者建议可以从新闻事件、背景资料、人物刻画三方面着手。

(二)事件梳理:读懂新闻本身

全书的新闻事件,上文已作概括,下面就每一章节简要梳理。教师可以引导学生概括每章的主要内容。

序章 **《本文参考消息》**。作者援引了1990年前4个月世界范围内5则关于发射卫星方面的消息。前三则发布的是法、美两国发射失败的消息;后两则是即将发生的事件：中国将用"长征三号"火箭把"亚洲一号"通信卫星送入轨道。西方有人声称：1990年是世界航天史上的"灾星年"。这给本书的主体事件蒙上了一层阴影。

第一章　**通向宇宙的门前**。介绍西昌发射场，包括西昌的地理位置、气候特征、民族居住、当地特产、悠久历史、发射场的来历、大自然的挑战、火箭专家和技术人员等。

第二章　**历史，从昨天的弯道走来**。回顾"长征三号"打入国际商业市场的曲折历程，以及中美关于"亚洲一号"通信卫星出口谈判的复杂经过。

第三章　**卫星，一次总统待遇的远行**。叙述"亚洲一号"通信卫星从美国洛杉矶机场起运到中国首都机场，再到西昌机场，最后用卡车装载、抵达西昌发射场的经过。

之所以要进行这样的梳理，乃是从作品及读者的角度考量。因为本书是一种"散文笔法"，它涉及的背景资料多、时空跨度长，没有经验的读者也许会陷入一种迷茫和混淆的阅读状态：主次不分，顾此失彼。经过对新闻事件的简要梳理，我相信绝大多数读者能抓住该书的主要信息了。

（三）背景了解：关注台前幕后

新闻背景，是指新闻事实发生发展的历史条件和环境条件。了解背景，便于了解事件发生发展的来龙去脉，加深对事件的认识和理解，还能够从中获得一定的知识和趣味。

《飞向太空港》一书中的背景资料非常丰富，几乎每一章节都有许多可读的材料。这里，以第二章《历史，从昨天的弯道走来》部分节次为例，略作分析。

第四节　**20世纪的中国与美国**。介绍了美国总统尼克松访华、中美正式建交等史料。因为1972年中美两国领导人的"握手"，才有了后来中国的火箭与美国的卫星的"握手"。

第五节　**举起火箭的大旗**。主要交代1984年中国"长征三号"在西昌成功发射第一颗同步通信卫星，组建"航天开发十人小组"，开始中国空间技术走向世界的早期活动。

……

第十一节　**外交场上的风云**。回顾中美两国政府之间艰难的谈判过程。

第十二节　布什：不愿得罪十亿中国人。回顾从提议发射外国卫星到正式签订发射合同这五年期间的奋斗、辛酸、风雨、坎坷之路，以及"亚星"发射许可证遭到冻结、最终获准的曲折过程。

通过梳理，我们发现该章的九节内容，既有本国火箭的发展历程，又有国际的风云变幻，特别是中美之间的艰难谈判。这些历史资料、国际环境以及曲折过程，让我们深深体会到中国空间技术走向国际市场是多么来之不易。

（四）人物扫描：体验创业维艰

人物刻画，是报告文学的一部重头戏。通过对人物生平经历的叙述，对外貌、神态、语言、动作、心理等方面的描摹，可以较大地增强作品的可读性和感染力。《飞向太空港》一书，正是成功地刻画了许多人物，使我们能更加真切、细致地体验到"飞向太空港"的每一步，都是无数航天人夜以继日、殚精竭虑的辛勤付出。下面，略举几例。

1. 一位叫余福良的火箭专家。15岁的女儿患有一种疾病，他却不能在身边陪她。为了保证"亚星"的发射成功，余福良白天黑夜连续攻关，他早就感到肚子疼痛，却一直顾不上去医院，一检查才发现已是直肠癌晚期……舍小家顾大家，弃小我为大我，在余福良的身上得到了充分的体现。

2. 机场四周，上百名武警战士迎风伫立，如同一棵棵风中挺拔的大树……昏迷的武警战士胳膊摔肿了，脸皮蹭破了，鲜血浸在冰冷的水泥地上，瞬间便被狂风的舌头一舔而净。但昏倒的武警战士一苏醒过来，就马上一跃而起，又以中国军人标准的立正姿势，挺立于狂风沙尘之中。——中国航天事业，不仅需要科研人员的孜孜不倦，也需要无数官兵的辛勤守卫。

通过关注人物刻画，我们可以发现，中国航天事业的发展史，既是中国综合国力的增强史，也是中国科技人员的成长史。也正是因为这些人员的付出，进入21世纪以来，中国航天事业从一个辉煌走向另一个辉煌：

2003年10月15日，中国第一艘载人飞船"神舟五号"成功发射，中国首位航天员杨利伟成为浩瀚太空的第一位中国访客；2005年10月12日，中国第二艘载人飞船"神舟六号"成功发射，航天员费俊龙、聂海胜被顺利送上太空。此后，"神舟七号""神舟八号"陆续发射成功，直至"神舟十四"和"神舟十五"航天员乘组太空"胜利会师"……

外国选文与语文核心素养

《语文课程标准（2022）》指出，在突出中华优秀传统文化、革命文化、社会主义先进文化等主题的同时，"还应选择反映世界文明优秀成果、科技进步、日常生活特别是儿童生活等方面的主题"。本文主要就初中语文教材中的世界文明优秀成果——外国选文与语文核心素养的培养，略作探讨。

一、教材中的外国作品

为较直观地呈现初中语文教材中的外国作品，这里采用表格的方式，按照教材中出现的先后顺序整理如下：

表1　初中语文教材外国作品"阅读"篇目

序号	篇目	作者	体裁	人文主题与语文要素
1	金色花	泰戈尔〔印度〕	散文诗	至爱亲情；物象、情感、哲思
2	再塑生命的人	海伦·凯勒〔美国〕	散文	师恩与成长；抒情、议论，心理描写等
3	植树的牧羊人	让·乔诺〔法国〕	散文	人格力量、环保行动；时间顺序、人物描写、情节概括、环境变化等
4	走一步，再走一步	莫顿·亨特〔美国〕	散文	成长感悟；伏笔、心理描写、哲思等
5	动物笑谈	康拉德·劳伦兹〔奥地利〕	科普文	探求科学真理；心理活动、幽默语言等
6	皇帝的新装	安徒生〔丹麦〕	童话	诚实做人；想象、讽刺、语言描写、心理描写等

（续表）

序号	篇目	作者	体裁	人文主题与语文要素
7	赫尔墨斯和雕像者	《伊索寓言》〔古希腊〕	寓言	正确对待自我；语言描写、寓言特点
8	蚊子和狮子		寓言	谦虚谨慎；动作描写、寓言特点
9	最后一课	都德〔法国〕	小说	爱国主义；对比、讽刺、人物描写
10	假如生活欺骗了你	普希金〔俄国〕	诗歌	相信生活、相信未来；劝说、哲理、直抒胸臆

表2　初中语文教材外国文学作品"名著导读"书目

序号	书目	作者	体裁	作品主题
1	海底两万里	儒勒·凡尔纳〔法国〕	小说	科幻探险、反对殖民压迫
2	红星照耀中国	埃德加·斯诺〔美国〕	纪实作品	客观报道共产党和红军的真实情况
3	昆虫记	法布尔〔法国〕	科普作品	揭开昆虫世界奥秘
4	钢铁是怎样炼成的	尼古拉·奥斯特洛夫斯基〔苏联〕	小说	崇高的理想主义光芒
5	简·爱	夏洛蒂·勃朗特〔英国〕	小说	寻求人格独立、爱情和尊严

二、外国作品与语文核心素养简析

从表1、表2可以看出，初中语文教材中的外国作品体裁丰富、人文主题多样、语文要素多元，这将是学生发展语文核心素养的有益补充。下面，笔者将结合具体篇目，从文化自信、语言运用、思维能力、审美创造等角度略作阐释。

（一）文化自信

《语文课程标准（2022）》指出："文化自信是指学生认同中华文化，对中华文化的生命力有坚定信心。"在这一点上,《红星照耀中国》一书最能从"革命文化"的角度给予学生对中华文化的信心。

1936年,美国记者斯诺冒着生命危险,深入延安,深入革命根据地,深入西方媒体眼中的"土匪聚集的地方",在实地采访了毛泽东、朱德、周恩来、彭德怀等人后,得出这样的结论:"不论你对红军有什么看法,对他们的政治立场有什么看法(在这方面有很多辩论的余地),但是不能不承认他们的长征是军事史上最伟大的业绩之一。"

在作者看来,长征的统计数字是触目惊心的,比如几乎平均每天就有一次遭遇战,平均每天行军七十一华里,这可说"近乎奇迹"!作者确信,红色中国创造的是"人类历史本身的丰富而灿烂的精华",并祝福英勇的中国取得"最后胜利"。

事实证明,作者的预言是非常正确、非常有远见的。该作品通过外国记者的视角和文字,让读者较为全面地感知到中国共产党、中国工农红军的革命精神和革命信仰。

《语文课程标准(2022)》指出:"初步了解和借鉴人类文明优秀成果,具有比较开阔的文化视野和一定的文化底蕴。"

"假如我变成了一朵金色花,只是为了好玩……"在《金色花》里,印度诗人泰戈尔以儿童的视角来表达对母亲的依恋;

"光明!光明!快给我光明!"在《再塑生命的人》里,美国作家海伦·凯勒用充满崇敬的文字,赞美了莎莉文老师高超的教育艺术和满腔的爱心,"再塑"了她的生命;

"假如生活欺骗了你,不要悲伤,不要心急!"俄国诗人普希金仿佛是一位洞察世事、云淡风轻的长者,劝说年轻人要相信生活,相信未来;

"昔日的荒地如今生机勃勃,成为一片沃土",是因为这位"植树的牧羊人"——艾力泽·布菲,"他做到了只有上帝才能做到的事"。法国作家让·乔诺让我们认识了这样一位勤劳执着、不图回报的牧羊人。

作者来自不同的国度、不同的时代,但文字里面蕴含的母爱、师恩、友情、奉献精神、真善美,总是那么相似、相通。博览天下文章,博采众家之长,文化视野将更加开阔,文化底蕴将日趋丰厚,文化自信将与日俱增。

（二）语言运用

语言运用，换一种说法，就是语言实践。在真实的语言实践活动中，形成良好的语感，掌握语言文字的基本规律，能在书面、口头的形式下进行有效的交流和沟通，在这一点上，外国文学作品和中国文学作品似乎并无本质区别。这里且以《植树的牧羊人》"思考探究二"为例，从"语言运用"的角度略作说明。

参照示例（略），以"他是一个_____的人"的形式，说说你对牧羊人的认识。注意结合课文中描写牧羊人的相关语句（包括直接描写和间接描写）。

这是一道既普通又别致的语言运用训练题。一方面，它可以从文章内容的角度加深学生对牧羊人的形象感受；另一方面，还可以从语言文字的角度训练学生的语言运用能力。

事实上，不同的学生，会选择不同的角度来评价人物，并选择不同的细节来支撑观点。这样的课堂，一定是精彩纷呈的，学生的语文素养也一定是各有所得。请看学生在课堂上所写的句段——

（1）他是一个沉默而又乐观的人。他"原来生活在山下，有自己的农场。可是，他先是失去了独子，接着，妻子也去世了。他选择了一个人生活，与羊群和狗做伴，平静地看着日子一天天地流走""既然没有重要的事情做，就动手种树吧""我吃惊得说不出话来，他还是那么沉默寡言"……通过这些描写，我们可以看出他坦然地面对生活的不幸，并以乐观而积极的态度去过好每一天。

（2）他是一个非常能够坚持的人。这一点在种树上最能体现。1913年，"我"第一次见到他的时候，"他轻轻地往坑里放一颗橡子，再仔细盖上泥土""他只是一心一意地把一百颗橡子都种了下去"；六七年后，"我"第二次见到他的时候，"他一直在种树。种橡树，种山毛榉，还种白桦树"；从1920年开始，"我"几乎每年都去看望这位植树的老人，"我从没见过他有任何动摇或怀疑"……牧羊人，几乎一生就只做"种树"这一件事。坚韧、执着，仿佛是他的天性。

（三）思维能力

思维能力是各种学习力的核心。我们常说的发展智力，主要就是发展思维能力。从语文核心素养来看，思维能力和语言运用、审美创造、文化自信密不可分。这里，为表述方便，教者单从思维能力的角度说说如何培养学生的能力。下面以《阿西莫夫短文两篇》（八年级下册第二单元）为例略作说明。

《恐龙无处不有》《被压扁的沙子》都谈到了恐龙灭绝，但选用的材料不同，说明的主要问题也不同。它们的区别在哪呢？这便考查了学生分析与综合、归纳与判断等方面的能力。我们可以引导学生用思维导图的方式来呈现。

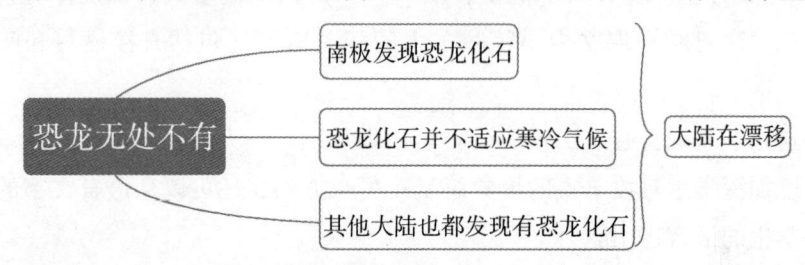

```
                    ┌── 南极发现恐龙化石 ──┐
恐龙无处不有 ───────┼── 恐龙化石并不适应寒冷气候 ──┼── 大陆在漂移
                    └── 其他大陆也都发现有恐龙化石 ──┘
```

《恐龙无处不有》一文，通过生物学里的"南极发现恐龙化石"这一发现，推导出地质学里的"地壳在进行缓慢但又不可抗拒的运动"，即"大陆在漂移"这一结论。这也印证了"在一个科学领域的发现肯定会对其他领域产生影响"这一论断。

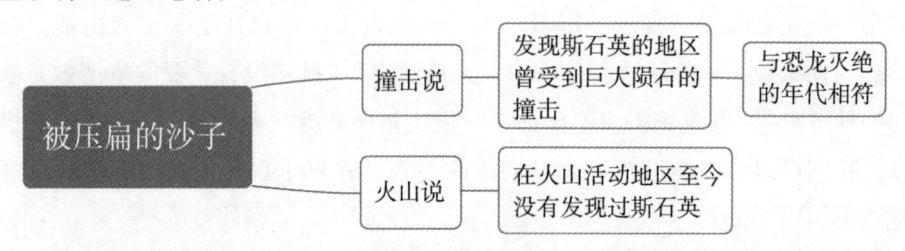

```
                    ┌── 撞击说 ── 发现斯石英的地区曾受到巨大陨石的撞击 ── 与恐龙灭绝的年代相符
被压扁的沙子 ───────┤
                    └── 火山说 ── 在火山活动地区至今没有发现过斯石英
```

《被压扁的沙子》一文，说的是 6500 万年前地球上曾有过一次"大灭绝"，导致包括所有恐龙在内的许多地球生物消失，对此，学界产生了"撞击说"和"火山说"两种对立的理论。文章从"被压扁的沙子"——斯石英成因出发，通过"在进行过原子弹爆炸实验的场地也发现了斯石英，它是由膨胀火球的巨大压力形成的"的这一现象，以及发现斯石英的"岩层的年龄为 6500 万年""可以追溯到恐龙灭绝的年代"这两个判断，得出结论："造成恐龙灭绝的原因不是火山活动，而应该是撞击"。

这两篇短文都谈到了恐龙灭绝，前者支持"大陆漂移"这一学说，后者认为恐龙灭绝的原因是"撞击说"而不是"火山说"。

《中国学生发展核心素养》里，有一大素养是"科学精神"，它包括理性思维、批判质疑、勇于探究等三个基本要点。广泛阅读类似于《阿西莫夫短文两篇》的科普文章，对于培养学生的科学精神是大有裨益的。而在阅读过程中，适当采用思维导图的方式，将思维过程直观简明地展现出来，是最能促进学生思维能力发展的。

（四）审美创造

审美是人类理解世界的一种特别的表现形式，是人们在主观与客观、理智与情感双重作用下的一种感知与评判。语文课程核心素养中的审美创造，主要是针对语言文字及作品，进行感受、理解、欣赏、评价等的系列过程。如何在文学作品中进行审美创造呢？这里以茨威格《伟大的悲剧》为例，略谈之。

《伟大的悲剧》是奥地利作家茨威格创作的一篇传记。文章的主要内容是，英国斯科特一行五人，于1912年1月18日到达科考目的地南极点，结果比挪威阿蒙森等人晚了将近5个星期。归途中，斯科特一行五人不幸遇难。

教学中，我们可以围绕标题的"伟大"与"悲剧"这两个关键词，通过主观与客观、理智与情感，进行审美与创造。

1. "伟大"之处

首先，是科考的本身很伟大。本次科考的目的地是南极点，而那时的南极点对于人类而言是这样的："千万年来人迹未至，或者说，太古以来从未被世人瞧见过的。"虽然，他们成为第二批到达的人，而且"他们仅仅迟到了一个月"，但无论如何也是"伟大的第二"。

其次，承认失败，并甘愿成为信使很伟大。"它的占领者还在这里留下一封信……所以他请他把那封信带给挪威的哈康国王。斯科特接受了这项任务，他要忠实地去履行这一最冷酷无情的职责：在世界面前为另一个人完成的业绩作证，而这一事业正是他自己所热烈追求的。"斯科特的这种胸襟，是非常伟大的。

最后，归途的表现很伟大。我们可以从以下几点来看。一是时间跨度长，斯科特一行与暴风雪搏斗了73天，其中他们在罹难点与死神搏斗了8天，始终没有向世界哀叹一声。二是一行人对精神失常的埃文斯不抛弃，而冻掉了脚趾的奥茨宁死不拖累团队，他们的这种团队精神很伟大。三是负责科学研究的威尔逊博士，在距离死亡只有寸步之遥的时候，除了继续进行科考之外，还拖着16公斤的珍贵岩石样品，这种科研精神很伟大。四是斯科特上校的日记，一直记到他生命的最后一息，始终不忘自己对祖国、对全人类的亲密情谊，不忘爱情、忠诚和友谊，这样的情感很伟大。

2. "悲剧"之因

斯科特一行的"悲剧"是显而易见的。一是比阿蒙森迟差不多五个星期到南极点，对于千万年来甚至是太古以来，五个星期连"弹指一挥间"都说不上；然而，对于科考而言，"第一个到达者拥有一切，第二个到达者什么也不是"（其实并非完全如此），这是一种悲哀。二是，斯科特一行全部牺牲在冰天雪地里，这是一种悲壮。鲁迅先生说，悲剧就是把美好的东西毁灭给人看。上述两点，大概就是如此吧。

对于语文教学而言，如果到此为止，显然是不够的。探究悲剧的成因，让学生从中获得一些启迪，似乎更加重要。

课文的第7段中，作者貌似无意的一句话，也许暗藏着某种"玄机"："这里的自然界是冷酷无情的，千万年来积聚的力量能使它像精灵似的召唤来寒冷、冰冻、飞雪、风暴——使用这一切足以毁灭人的法术来对付这五个鲁莽大胆的勇敢者。"细心的读者一定能注意到这里的"五个鲁莽大胆的勇敢者"十个字。其中的"大胆""勇敢"非常容易理解，而"鲁莽"一词，哪里可以体现呢？

文章没有直接交代，而是隐隐约约地予以提示。比如，"滑雪板的痕迹和许多狗的足迹"——阿蒙森们使用的是爱斯基摩狗；而斯科特选择的主要运输工具是西伯利亚矮种马，由于矮种马不能适应南极恶劣的冰雪环境，斯科特一行只好用人力拖着雪橇，步行前进，这不但消耗了众人的大量体力，也影响了科考的行进速度。这是其一。此外，还有补给仓库里装在油桶里的煤油神秘地流光了，少见的狂风暴雪也使得斯科特一行无法前进。

这样分析之后，学生应当可以从中认识到，要想事业有成，除了满腔热情外，还应当科学地、理性地做好相应的知识储备和物质准备，否则，也可能成为"鲁莽大胆的勇敢者"。

3. "家书"创作

课文的第 13 段中，斯科特在最后一篇日记里，用已经冻伤的手指哆哆嗦嗦地写下了遗愿："请把这本日记送到我的妻子手中！"

请假想一下，后来斯科特的孩子见到了这篇日记，请根据课文相关内容，以孩子的名义写一封信，表达对父亲南极之旅的某种心情。

通过这样的二次创作，学生对于文章内容的整体把握、细节揣摩，对于斯科特的勇敢与鲁莽，对于包括英国国王、作者茨威格等人在内的情感态度，都会有一个较为全面、较为理性的认识。

简单地说，学生的核心素养将会在这种持续的、变形的思维训练、语言运用、审美创造中，得到一种健全的、隐性的成长和发展。

第三章
学习任务群与语文教育

我对"学习任务群"的基本理解

"学习任务群"是《语文课程标准（2022）》的一个新概念。在《语文课程标准（2022）》里，关于"学习任务群"是这样描述的：

> 义务教育语文课程内容主要以学习任务群组织与呈现。设计语文学习任务，要围绕特定学习主题，确定具有内在逻辑关联的语文实践活动。语文学习任务群由相互关联的系列学习任务组成，共同指向学生的核心素养发展，具有情境性、实践性、综合性。

客观地说，这一段话不好懂。下面，笔者结合《语文课程标准（2022）》谈谈对"学习任务群"的一些理解。

一、"学习任务群"是什么？

简单地说，"学习任务群"就是"教学内容"。我们最好把"教学内容"与"课程目标"联系起来理解。这里以第二学段"识字与写字"为例。

在"课程目标"的"学段要求"里，关于第二学段"识字与写字"的要求是这样的：

> 1. 对学习汉字有浓厚的兴趣，养成主动识字的习惯。累计认识常用汉字2500个左右，其中1600个左右会写。有初步的独立识字能力。能用音序检字法和部首检字法查字典、词典。
>
> 2. 写字姿势正确，养成良好的书写习惯。能用硬笔熟练地书写正楷字，做到规范、端正、整洁。用毛笔临摹正楷字帖，感受汉字的书写特

点和形体美。

　　3. 能感知常用汉字形、音、义之间的联系，初步建立汉字与生活中事物、行为的联系，初步感受汉字的文化内涵。

　　这三点都是围绕"目标"来谈，其关键词有"兴趣""习惯""数量""能力""联系"等。

　　在"课程内容"的"内容组织与呈现方式"这节内容中，与之对应的是"基础型学习任务群"之"语言文字积累与梳理"第二学段内容，也包括三点。它主要是从"学习内容"的角度，对"学段要求"里的三段话进行补充，补充了运用情境、汉字、标点符号，特别是成语典故、中华文化名言、短小的古诗词和新鲜词语、精彩句段等学习内容。

　　需要理顺的是，"主题与载体形式"和"内容组织与呈现方式"二者之间的关系。前者是一个上位概念，它包括中华优秀传统文化、革命文化、社会主义先进文化，以及世界文明优秀成果、科技进步、日常生活特别是儿童生活等方面的主题。与主题相应的便是"载体"，比如中华优秀传统文化的主要载体是"汉字、书法，成语、格言警句，神话传说、寓言故事、历史故事、民间故事、中华民族团结一家亲的故事，古代诗词、古代散文、古典小说，古代文化常识、传统节日、风俗习惯等"。

　　后者是一个下位概念，它从三个层面设置六个学习任务群：第一层设"语言文字积累与梳理"1个基础型学习任务群，第二层设"实用性阅读与交流""文学阅读与创意表达""思辨性阅读与表达"3个发展型学习任务群，第三层设"整本书阅读""跨学科学习"2个拓展型学习任务群。各个任务群均贯穿于义务教育四个学段，并以单元的形式呈现，具体包括阅读（课文）、写作、口语交际、综合性学习、名著阅读、课外古诗词诵读等内容。

　　通过上面的分析，我们似乎可以得出这样的结论，每册书的八个或六个"教材单元"都或独立、或交叉地服务于"学习任务群"，服务于语文课程核心素养的发展。

二、"学习任务群"有何用？

　　"学习任务群"有何用？温儒敏主编在解读《语文课程标准（2022）》时

强调,"学习任务群"是想作为教学内容结构化呈现出来。

以"实用性阅读与交流"学习任务群为例,《语文课程标准(2022)》是这样来总体"结构化"的——

> 本学习任务群旨在引导学生在语文实践活动中,通过倾听、阅读、观察,获取、整合有价值的信息,根据具体交际情境和交流对象,清楚得体表达,有效传递信息,满足家庭生活、学校生活、社会生活交流沟通需要。

针对各个学段,《语文课程标准(2022)》又分别在"学习内容"方面进行了相对具体的"结构化"。比如,第四学段围绕"阅读叙事性和说明性文本""阅读科技作品""学习跨媒介阅读与交流"等三个方面作了进一步阐释。

以八年级下册第二单元为例。该单元包括阅读《大自然的语言》《阿西莫夫短文两篇》《大雁归来》《时间的脚印》等课文,写作"说明的顺序",综合性学习"倡导低碳生活"。

该单元阅读内容均为说明性文本。教师该如何整合呢?我们不妨参照单元提示:

> 1. 草木枯荣,大雁去来,恐龙无处不有,沙子极为致密,这些现象背后都蕴含着一定的科学道理。本单元的课文都是阐释事理的说明文,涉及物候学、地质学、生态学等领域,体现了求真、严谨的科学精神。

这段话指向人文主题,其关键词有两个,一个是科学道理,一个是科学精神。但是,作为单元教学,并非仅仅让学生从中获得"专家结论",更重要的是让学生感受其中所蕴含的"专家思维"。也就是说,教学重点应放在从"现象"中去发现"道理",从"事件"中去体现"精神"上。

比如阿西莫夫的《恐龙无处不有》《被压扁的沙子》这两篇短文,都谈到了恐龙灭绝,虽然一个选用的材料是"大陆漂移",另一个选用的材料是关于地球的"撞击说"和"火山说"，但两文都是从一种现象出发，通过分析事物间的内在联系从中得出规律性的认识。这便是求真、严谨的科学精神。

2. 学习本单元，要注意理清文章的说明顺序，筛选主要信息，读懂文章阐述的事理；还要学习分析推理的基本方法，善于发现问题、思考问题、质疑问难，激发科学探究的兴趣。

这段话主要指向语文要素，涉及说明顺序、筛选信息、推理方法等。同样，这也主要是想让学生从中体会到"专家思维"。比如关于《大自然的语言》一文说明顺序的教学，要让学生思考文章的第1、2段与第7—10段，为什么要采用不同的说明顺序。

通过比较分析，学生能够明确，选择某种说明顺序，是根据说明对象的具体特征而选用能充分表现其某种特征的顺序。它也应当是符合人们认识事物或事理规律的顺序。这样才能让文章思路清晰，让读者容易理解。

个人认为，学习任务群除了有"教学内容结构化"这个作用外，还有一个重要作用，那就是"教学指向具体化"。比如关于"文学阅读"，《语文课程标准（2022）》在第四学段是这样要求的：

欣赏文学作品，有自己的情感体验，初步领悟作品的内涵，从中获得对自然、社会、人生的有益启示。能对作品中感人的情境和形象说出自己的体验，品味作品中富于表现力的语言。

显然，这很笼统，不便操作和把握。而在"文学阅读与创意表达"第四学段"教学内容"中，关于读什么、怎么读的指向，有了进一步的明确。这对于指导一线教师的语文教学，更具实际操作性。比如：

1. 阅读反映中国革命各个时期的重大事件、伟大成就、代表性人物及其感人事迹的优秀文学作品，感悟革命领袖、革命英雄、模范人物的理想信念和奋斗精神，运用多种方式交流自己的阅读感受。

2. 阅读表现人与自然的优秀文学作品，包括古诗文名篇，体会作者通过语言和形象构建的艺术世界，借鉴其中的写作手法，表达自己对自然的观察和思考，抒发自己的情感。

……

三、"学习任务群"怎么用？

"语文学习任务群"怎么用？我们不妨先从组成"语文学习任务群"这个短语中的几个词语着手来谈：

1. "语文"，它是为了提升学生语文课程核心素养的；
2. "学习"，它是依托学习内容、创设学习情境、促进主动学习的；
3. "任务"，它是依靠学习任务或学习项目来驱动和实施的；
4. "群"，它是需要站在群的大观下来组织和设计的。

下面将从这四个方面略作阐释。

（一）"语文"为本

"语文学习任务群"是"语文"的。它必须符合语文课程的基本特点，也就是要围绕立德树人根本任务，坚持工具性和人文性的统一，引导学生热爱祖国通用语言文字，积累语言运用经验，掌握语言运用规律，培养语言文字运用能力。

语文课程是一个大体系，它包括语言文字、语言文章、语言文学、语言文化等。"语文学习任务群"是在这个大体系中创设语文情境、开展语文实践活动，其表现形式为"识字与写字""阅读与鉴赏""表达与交流""梳理与探究"等。

语文课程是为发展学生核心素养服务的。也就是通过语文课程的学习，让学生继承和弘扬中华优秀传统文化、革命文化、社会主义先进文化，逐步形成正确价值观、必备品格和关键能力，具体包括文化自信、语言运用、思维能力、审美创造。

（二）"学习"为要

"语文学习任务群"是通过学生的"学习"来完成的。因而，它既要符合学生的身心发展规律，也要符合语文的学习规律。

这里以"思辨性阅读和表达"任务群为例。我们看看不同学段创设的学习主题和学习情境：

第一学段："生活真奇妙""我的小问号"等；

第二学段："大自然的奥秘""生活中的智慧""我的奇思妙想"等；

第三学段："社会公德大家谈""奇妙的祖国语言""科学之光""东方智慧"等；

第四学段："生活的感悟""探究与创造""艺海拾贝""理性的声音"等。

这些设计都是符合由浅入深、循序渐进等特点的，也是与学生的真实生活情境密切相关的，还是特别重视"习得"而不是教师"传授"的。比如，该任务群第一学段的学习内容就体现了"习得"的特点：

1. 阅读有趣的短文，发现、思考身边的鸟兽虫鱼、花草树木、家用电器等日常事物的奇妙之处，说出自己的想法。

2. 大胆提出生活和学习中遇到的问题，通过阅读、观察、请教、讨论等方式，积极思考、探究，乐于分享自己解决问题的办法，说出一两个理由。

（三）"任务"驱动

"语文学习任务群"的关键在"任务"，难点在于设计科学合理、饶有情趣、富有挑战性的"学习任务"。

从发展学生核心素养这一使命出发，"语文学习任务群"应包含语言的任务、思维的任务、审美的任务、文化的任务。

这四个方面的任务，在不同的任务群、不同的学段、不同的学习情境中，应当有不同的侧重、不同的层次、不同的深度广度。

学习任务大多以教材单元为单位进行具体展现。在"活动·探究"类单元中，教材为我们提供了"活动任务单"。比如九年级上册第一单元"活动·探究"共有三项任务：自主欣赏、自由诵读、尝试创作。

各项任务，都有具体的"任务清单"。这对于我们建构和设计"文学阅读与创意表达"以及其他任务群，都有很好的借鉴意义。

(四)"群"的大观

笔者认为，"学习任务群"是教材的"大单元"，每个学段的任务群便是"中单元"，而每册书的每个"教材单元"则为"小单元"。

这里强调"群"的大观，笔者想表达的是，在使用任务群进行语文教学设计和实施语文教学时，要有一个系统的语文教学观。

这一方面指的是纵向联系。即用"学习任务群"的视野来观照"教材单元"的设计，甚至包括每一篇课文的阅读、每一次习作的训练。正所谓"大处着眼，小处着手"。

另一方面指的是横向联系。从具体课文来看，可能兼顾着一两个甚至多个任务群的教学任务；从教材单元来看，也必然如此。比如，基础型学习任务群——"语言文字积累与梳理"几乎渗透到义务教育所有学段，渗透到教材所有单元。而发展型3个任务群、拓展型2个任务群，也可能是相互渗透、互为补充的。这便需要我们"左顾右盼，各取所需"。

生活处处皆语文，语文的外延就是生活。"真真实情境"（生活情境），也包括"拟真实情境"（为教学需要而创设的模拟生活情境），应贯穿到语文实践活动的每一个环节。将语文知识放置在真实的生活情境中，把语言运用与学生的知识储备、与时代的真实情境紧密结合，以此不断提升学生的关键能力和必备品格。

学习任务的完成，教学目标的达成，语文素养的提升，有效的教学评价——"教—学—评"一体化尤为重要。比如"整本书阅读"，要考查学生阅读整本书的全过程，包括阅读态度、阅读方法、阅读进程、阅读笔记、阅读感悟等。教师可设计评价量化表，引导学生从上述方面进行自我反思、自我改进。

请勿轻言"大单元教学"

某日,某个教师专业群里谈及"大概念教学",继而延伸至"大单元教学"。笔者发现,能参与讨论者寥寥无几,大多数是冷眼旁观,抑或是兴致索然。在笔者看来,这既在情理之中,也在意料之外。

本着一种理性务实、虚心学习的态度,笔者通过广泛查阅资料,结合语文教学现状,围绕"大单元教学"这一话题,写成此文,以供参考。

一、早期的"大单元教学"

在基础教育领域里,关于"大单元教学"一词,笔者在中国知网里追溯到20世纪90年代。

比如《语文教材的理论框架——"文体大单元"构想》(1992)一文提出,把高中语文统编教材进行"大单元"处理。具体而言,就是把分散在各册教材中的课文,按照记叙文、文学作品、说明文、议论文和应用文(均包括文言文)文体归类,合并为5个大的文体单元,以此安排高中三年语文教学进度。[①]

这种"文体大单元"的建构方式,兼顾着单元和单篇的知识体系,关注学生的知识落实和技能形成,从当时来看,应当是一种较为实用的教材处理框架和有效的语文教学方式。但用今天的眼光看来,它似乎忽视了学生心智和技能方面"相互促进、螺旋上升"的特点。

再如《试论"大单元教学观"——兼谈义务教材单元构建的创新》(1993)一文。该文认为,所谓"大单元教学观",就是用整体联系的观点,

---

① 杨玉林. 语文教材的理论框架——"文体大单元"构想 [J]. 语文学习,1992(09).

以教学的阶段性、渐进性、目标性为基本思路，去进行教材设计和教学设计。[1] 说得通俗一些，就是立足于当时通用的语文教材，将其编排体例进行二次建构，并选择一种具有个性化的教学模式和训练程序来实施语文教学。这样的单元教学思想便是"大单元教学观"。

这种"大单元教学观"，吸收了当时教材单元编排的"合理成分"，并别出心裁地进行了"类单元"的整合，强调了"全面开放"的教学思想，注重了语文教学与生活的紧密联系。值得一提的是，作者在单元结构上实现了多样化的探索，比如从语文智力层面，设计了"训练感悟力""训练分析力""训练评判力"等具有"层进式"的语文智力训练，使得"大单元"真正"大"了起来、"活"了起来。但是，我们也可以想象到，这样的处理方式会让许多学生产生"无所适从"之感。

从上述两例可以看到，早期的"大单元教学"，主要是从实用主义出发，立足于通用的语文教材，依据文体特征或其他联系，将课文与单元进行个性化的重构，着力于语文能力训练，以追求较高的教学效率，提升学生的学业成绩和心智水平。

从中，我们也可以看到，教者或学校往往需要投入巨大的心力与财力，否则无法支撑其教材重构、内容重组、课堂重建。而这些，不是一般的教师和学校所能承受的。单从教学效果来看，也会因为教者素养和学校师资的参差不齐，存在着一定的学业质量风险。

二、近年的"大单元教学"

自"核心素养"提出，特别是《普通高中语文课程标准（2017年版）》颁布后，"大单元教学"便在文章、书籍、会议上逐渐成为一个热词。但此时"大单元"的含义已悄然发生变化。

比如《整合资源读写联动，落实语用能力培养——成师附小语文嵌入式大单元教学读写联动的研究实践》（2017）一文指出，通过简、删、调、换等方式，精心整合教材资源，有效嵌入课外资源，探索读写联动的操作策略，

---

[1] 邓禹南，肖红耘. 试论"大单元教学观"——兼谈义务教材单元构建的创新[J]. 中学语文，1993（07）.

提升学生的语文素养，尤其是提升学生的读写能力。①

从该文看到，该校虽然也有适度的教材资源整合，但从其实质看，还是依托于"教材单元"而进行教学策略调整。其冠以一个"大单元教学"之名，想必是确立"单元核心目标"，使其目标"大"了；嵌入较多的课外阅读材料，使其容量"大"了。

再比如《三维目标融合，在真实情境的大单元教学中实现——以统编本八年级上册第五单元为例》（2019）一文提出，通过单元整体架构、真实情境创设、学习任务驱动来融合三维目标、发展核心素养。该单元包含四篇课文（《中国石拱桥》《苏州园林》《蝉》《梦回繁华》），以及写作、口语交际和名著导读《昆虫记》。作者以"文明的印记"为主题，设计了任务框架，让学生在"大主题""真情境""大任务"中整合三维目标，完成单元教学。②

显然，这里的"大单元"，从其内容体例以及文章标题来看，已经完全是"教材单元"了。而其中的"大单元"之"大"，想必是指向其思想内核——三维目标，以及我们常说的"大主题""大任务"吧。

从上述两文看到，近年来一些学校、一些教师提出的"大单元教学"，与"早期"相比，其内涵与形式发生了明显的变化。近年的"大单元教学"更多的是依托"教材单元"，在主题的确立、情境的创设、任务的设计、内容的补充等方面使其变"大"。

三、何谓"大单元教学"？

到底什么是"大单元"和"大单元教学"呢？不同的学者会有不同的解释。

崔允漷教授提出的"大单元"，是建立在有别于"教材单元"的"单元"基础之上的"微课程"。崔教授认为，"单元是一种学习单位，一个单元就是一个学习事件、一个完整的学习故事，因此，一个单元就是一个微课程"。同

---

① 姚嗣芳等. 整合资源读写联动，落实语用能力培养——成师附小语文嵌入式大单元教学读写联动的研究实践 [J]. 教育科学论坛，2017（11）.

② 贾秋萍. 三维目标融合，在真实情境的大单元教学中实现——以统编本八年级上册第五单元为例 [J]. 语文建设，2019（11）.

时，"一个学习单元由素养目标、课时、情境、任务、知识点等组成，单元就是将这些要素按某种需求和规范组织起来，形成一个有结构的整体"。

从上述意义出发，崔教授主张的"大单元教学"之"大"，主要是"指向学科核心素养的教学倡导大观念、大项目、大任务与大问题的设计"，以此来提升教师的站位，改变教师的格局，扩充课堂的思想，发展学生的核心素养。[1] 像跨学科学习、校外语文实践活动等，应当都属崔教授提出的"大单元教学"。

在《新课程方案与课程标准的关键词辨析》一文中，徐洁老师认为，"大单元是指基于一定的学科目标或经验主题的学习单位，它既可以是教材中的自然章或单元，也可以是围绕学科大概念重构的学习内容"。[2] 这样的解释，一线教师似乎更容易理解一些，至少可以围绕"学科目标"和"教材中的自然章或单元"来进行教学设计，而"经验主题"更具个性化色彩，可以更好地发挥教者的主观能动性。

刘徽博士则提出用"大概念"来重构单元教学。她把"单元"从不同角度进行划分，比如，宏观单元、中观单元和微观单元，学科单元和跨学科单元等。关于其设计步骤，刘徽列举了刘月霞老师（2021）提出的"深度学习实践模型"，即"选择单元学习主题—确定单元学习目标—设计单元学习互动—开展持续性评价"。[3]

刘月霞老师的"深度学习实践模型"，立足点也是"教材单元"。这种模型为教者提供了较为简洁的设计路径，但在实际操作中，特别是在"开展持续性评价"方面具有一定的挑战性。但这种挑战性，是《语文课程标准（2022）》"教—学—评"一体化要求所提倡的，也是大多教师通过不断学习和实践摸索能逐步克服的。

上述关于"大单元"的表述，其共同点均指向"核心素养"，但推广起来，又存在着诸多问题：一是概念不明，这让许多学校难以进行统筹，许多老师难

---

[1] 崔允漷. 如何开展指向学科核心素养的大单元设计［J］. 北京教育（普教版），2019（02）.
[2] 徐洁. 新课程方案与课程标准的关键词辨析［N］. 中国教师报，2023.
[3] 刘徽. 大概念教学：素养导向的单元教学整体设计［M］. 北京：教育科学出版社，2022.

以设计教学；二是难度较大，比如"大观念"不便提炼，"大项目"不便设计等；三是容易混乱，比如"大单元"与"教材单元"之间的关系难以理清，目标定位难以区分；四是随意性强，不同的教师会有不同的选择，难免出现失误；五是风险性高，画虎不成反类犬，核心素养难达成，学业质量难保证；等等。

鉴于此，笔者认为，关于"大单元教学"，专业学者可以充分论证，先行教师可以不断摸索，最理想的状态是能够从学科实际出发，提出可供借鉴、可供效仿、可供推广、可供验证的教学范式。

四、"语文学习任务群"

《语文课程标准（2022）》里，与"大单元教学"有着一定联系的，有"学习任务群"和"学习情境"等关键词；而依托语文教材，有更容易操作并指向核心素养的"单元整体教学"。

《语文课程标准（2022）》指出，"语文学习任务群由相互关联的系列学习任务组成，共同指向学生的核心素养发展"。在义务教育阶段，语文学习任务群分为三个层次：

一是基础型学习任务群，即"语言文字积累与梳理"。该任务群几乎与每一个单元、每一篇课文密切相关，所以称之为"基础型"。

二是发展型学习任务群，它包括"实用性阅读与交流""文学阅读与创意表达""思辨性阅读与表达"。此类任务群相对独立、螺旋上升、逐步进阶。

三是拓展型学习任务群，包括"整本书阅读""跨学科学习"。前者各自独立，后者广泛联结，旨在提高学生语用能力、提升学生综合素养。

笔者认为，语文学习任务群有点类似于刘徽博士提出的"宏观单元"，而她提出的"微观单元"则又类似于我们常说的"教材单元"，比如初中语文教材每册均有六个单元。相形之下，研究和设计"学习任务群"，应当更有理论支撑，也更有教学必要。

作为一线教师，我们该如何用好"语文学习任务群"呢？笔者以为，可以从以下四个方面着手，即笔者在《我对"学习任务群"的基本理解》一文中提出的"语文"为本、"学习"为要、"任务"驱动、"群"的大观。这里不再赘述。

五、"单元整体教学"

统编本初中语文教材，总体而言，均为"主题组元"，也就是说，每一个单元都有一个较为显性的主题，比如七年级语文上册六个单元的主题分别为"四季美景""感受亲情""学习生活""人生价值""人与动物""想象天地"。从其任务指向而言，可分为"阅读·写作"单元（笔者命名）和"活动·探究"单元。

"阅读·写作"单元，就其阅读类别而言，通常情况下采用的是"教读—自读—名著阅读"三位一体的体例。这样的单元，从其学习目标来看，均为"双线组元"，即"人文主题"和"语文知识"相互渗透、并驾齐驱。教者依托"单元提示"和课文内容，以及"预习提示""思考探究"（教读课文）、"阅读提示""旁批问题"（自读课文），进行"单元整体教学设计"，难度不是太大。

"活动·探究"单元，均以"任务一""任务二""任务三"的形式呈现。比如八年级上册第一单元"活动·探究"："任务一"为"新闻阅读"，"任务二"为"新闻采访"，"任务三"为"新闻写作"。此类"单元整体教学设计"，教者大多可以依据教材提供的"任务"来组织实施语文实践活动。

笔者之所以在"教材单元"上不吝口舌，乃是想说，在"大单元教学"尚未得到"官方认证"（比如写进《语文课程标准》，或写进某个教育部文件）、条件尚不成熟（绝大多数一线教师无法设计，甚至有抵触情绪）之际，不妨着力在"单元整体教学"的设计与落实上，多下功夫，多加研究，多予推广。

事实上，一些学校、一些团队、一些期刊已经在"单元整体教学设计"上投入了研究，形成了成果。比如《语文教学通讯·初中刊》，已经推出了两期合刊（2021.7－8B、2022.1－2B），囊括了初中语文教材各个单元的教学设计。虽然其中的一些教学设计还不太成熟，但就其出发点而言，均以"课段"的形式指向了真实情境，指向了具体任务，指向了学习评价，指向了核心素养。这里，笔者不作举例、不再赘述，有兴趣研究的读者可以直接去阅读相关文章。

需要说明的是，无论是哪种形式的"单元教学"，都不要淡化"单篇教学"。相反，在一些经典课文的处理上，比如"定篇"（包括现代文、文言文、古诗词），其"单篇教学"或许更加重要。因为，学好这些经典课文，更有利于学生的语文积累，更有利于学生核心素养的发展。

六、结论与声明

（一）先说结论

从语文教学现实来看，笔者认为，能从"教材单元"出发，完成"单元整体教学设计"，落实"单元学习目标"，促进核心素养提升，就是一种比较理想的教学状态了。至于寻求单元之间的"关联整合"，寻求"妙手偶得"甚至是"神来之笔"的"内在关联"，形成真正意义上的"大单元教学"，还有很长的一段路要走。因为，目前身处教学一线的教师队伍里，只有极少数能在"大单元教学"方面提起兴趣、参与研究，而能落实课堂、卓有成效者，更是寥若晨星。不信，请深入一线，做个实地调研吧。鉴于此，笔者认为，在面对一线教师群体时，请勿轻言"大单元教学"；如果要谈，且作为一项课题实验，或者是个体研究吧。

（二）再作声明

笔者自认为是一个理想的现实主义者，也是一个保守的前卫主义者，向来对执着探究和锐意改革者怀有敬佩之心和敬仰之情。说得明白一些，对文中列举的专家教授、一线教师，还有实验学校，我都是非常敬仰和特别敬佩的，也是一直在努力追随。所以，请阅读此文者不要产生误解，不要断章取义，更不要"顾左右而言他"。

如何打好"语言文字积累与梳理"这个基础

"语言文字积累与梳理"是唯一的一个基础型学习任务群。因为它是基础型的,所以决定了它在语文课程核心素养中的特殊地位。我们常说"基础不牢,地动山摇",便是在强调"基础"的重要性。

关于该学习任务群的基础性,《语文课程标准(2022)》是这样概述的:

> 本学习任务群旨在引导学生在语文实践活动中,积累语言材料和语言经验,形成良好语感;通过观察、分析、整理,发现汉字的构字组词特点,掌握语言文字运用规范,感受汉字的文化内涵,奠定语文基础。

我们还可以这样理解,这段话高度概括了何谓"语文基础"。

一、教师写字做表率

关于语言文字积累,我们不妨先从第一学段"识字与写字"的要求说起。

1. 喜欢学习汉字,有主动识字、写字的愿望。认识常用汉字1600个左右,其中800个左右会写。

2. 学会汉语拼音。能读准声母、韵母、声调和整体认读音节。能准确地拼读音节,正确书写声母、韵母和音节。认识大写字母,熟记《汉语拼音字母表》。

3. 掌握汉字的基本笔画和常用的偏旁部首,能按基本的笔顺规则用硬笔写字,注意间架结构,初步感受汉字的形体美。努力养成良好的写字习惯,写字姿势正确,书写规范、端正、整洁。

4. 学习独立识字。能借助汉语拼音认读汉字，学会用音序检字法和部首检字法查字典。

值得注意的，一是关于情感态度方面的，比如"喜欢""主动""愿望"；二是关于习惯养成方面的，比如"形体美""规范、端正、整洁"等。

这两方面应当引起语文教师的高度重视。教学时如果抛开了情感态度，可能会让许多学生不喜欢语文课，会让他们觉得识字、写字很枯燥，这便很难激发学生热爱祖国通用的语言文字的情感，势必会影响学生语文能力的提升和核心素养的发展。

如果不关注习惯的养成，会直接导致许多学生笔画不规范、笔顺不正确、常写错别字、书写无美感。在这方面，最需要语文教师自身"素养"的提升。因为，许多语文教师自己都难以写出一笔好字，甚至在板书时还出现错别字。

现代信息技术并不能完全替代教师的板书。教师应当成为学生写好汉字的表率。热爱语文，从写好汉字开始。

二、借助"六书"激兴趣

关于文字的梳理，我们可以参照各个学段"梳理与探究"的第一项要求。比如：

第一学段：观察字形，体会汉字部件之间的关系。梳理学过的字，感知汉字与生活的联系。

第二学段：尝试分类整理学过的字词。尝试发现所学汉字形、音、义和书写的特点，帮助自己识字、写字。

关于文字的梳理，四个学段呈现出循序渐进、螺旋提升的特点。这里需要提出的是，汉字的造字法应引起语文教师的重视。因为，无论是"汉字部件之间的关系"，还是"汉字与生活的联系"，都指向汉字造字法。

我国古代对造字法有"六书"之说。所谓"六书"，即象形、指事、会意、形声、转注、假借。但严格说来，造字方法只有象形、指事、会意、形声四种，而转注、假借属于用字的方法。

许慎在《说文解字》中对"六书"这样解释道："象形者，画成其物，随体诘诎，日月是也；指事者，视而可识，察而见意，上下是也；会意者，比类合谊，以见指挥，武信是也；形声者，以事为名，取譬相成，江河是也；转注者，建类一首，同意相受，考老是也；假借者，本无其字，依声托事，令长是也。"

这里稍作解释。象形，就是像实物之形，是把客观事物画下来的一种造字方法，比如"日""月"。指事，是在象形的基础上，用指示符号来表示抽象概念，比如"上""下""本""末"。会意，即会合成意，也就是把两个或两个以上的字组合在一起来表示一个新的字，比如"休"字由一"人"一"木"组成，表示人靠在树上休息。形声字由形旁和声旁两部分组成，是一种合体造字法，比如"湖""防"，有些形声字还有表意的作用，比如"遇""娶"。

教学时善于运用造字法讲解汉字特点，可以激起学生识字、写字的兴趣，可以让学生掌握汉字的基本特点，还可以让学生从中认识到我国劳动人民的卓越智慧。

三、创设情境好学用

识字和写字是学好语文的基础，是第一学段的教学重点，也是贯串整个义务教育阶段乃至更长时间的重要教学内容。课标指出："识字与写字教学应结合学生的生活经验，采用形象直观的教学手段，创设丰富多彩的学习情境，综合运用随文识字、集中识字、注音识字、字理识字等多种识字方法，逐步发展学生的识字、写字能力。"

小学一年级上册语文按照识字、汉语拼音、课文三种形态，组成八个单元，主要采用随文识字、集中识字、注音识字三种方式，引导学生识字和写字。从识字表和写字表可以看到，一年级上学期要求学生学会认读汉字 400 个，其中识字 300 个、写字 100 个；同时，还要求学生认识 22 种常用笔画和 34 种常用偏旁。

统编本语文教材，每一课都运用中国水墨画或水彩画创设了一种生动的学习情境。比如识字课《金木水火土》、语文园地一《识字加油站》、课文《江南》中的画面，富有中国传统文化特色，其美感让人陶醉、引人联想。也就是说，用好教材上的插图，本身就是采用形象直观的教学手段、创设丰富多彩的学习情境。

但仅此不够，识字教学还应当与真实的生活紧密相连。比如"快乐读书吧"《读书真快乐》，应当让学生经常和爸爸妈妈一起读书，让学生相互讲故事，利用好书店、图书馆（室）、家庭藏书等学会自由阅读。

"听、说、读、写"是语言学习中最基础的四项技能，语文教学不可偏颇。比如，教材中的口语交际《我说你做》《我们做朋友》《用多大的声音》《小兔运南瓜》等，就是要让学生在游戏活动中、在自我介绍中、在相互合作中学会表达、学会倾听、学会交往，并完善各自性格、提升综合素质。

随着年级的升高，学生在识字、写字、诵读、积累、梳理等方面的途径和情境越来越丰富、越来越多样化。比如"语文园地"里的学习内容就非常贴近学生的生活实际。请看三年级上册第三单元的"语文园地"——

《交流平台》，围绕童话进行交流。其中包括丰富的想象、奇特的朋友、一些不可思议的事情，还有获得的启示。

《识字加油站》，围绕一些形声字进行"读一读，比一比，认一认"。比如"伸—申（申请）""界—介（介绍）"等。

《词句段运用（一）》，以"口"为形旁，组成了三类字。一类是"咬、叼、嚼"等用口来完成相关动作的动词，二类是"叫、喊、嚷"等用口发声的动词，三类是"啪、哗、吱"等与口相关的拟声词。

《词句段运用（二）》，是学习表示修正、增补、删除等方面的修改符号，并尝试用这些符号修改自己的习作。

《日积月累》，是诵读、积累一些关于"理"的俗语、谚语。比如："灯不拨不亮，理不辩不明""有理走遍天下，无理寸步难行""一时强弱在于力，万古胜负在于理"。

教学中，教者一方面可以根据教材内容让学生交流、识字、运用、梳理、积累，另一方面则可以举一反三，比如以"木"字为形旁进行分门别类的写字、组词，或以"时间"为关键词进行诵读，积累相关的俗语、谚语、古诗词。

四、积累梳理有层次

到了第四学段（七—九年级），语言文字的积累与梳理主要依托于"阅读"和"课外古诗词诵读"。这里只就"阅读"简要谈谈如何积累和梳理语言文字。

（一）初级积累——读写

用好文下的注释和课后的"读读写写"。以朱自清的《春》为例。文下的注释包括"朗润""赶趟儿""吹面不寒杨柳风""酝酿"等词句的解释，课后的"读读写写"包括"嗡""卖弄""喉咙""花枝招展"等字词在田字格中的硬笔楷书。这都是积累字词的好材料，绝大多数语文教师不会忽视这些好资源。

（二）中级积累——梳理

也就是根据文本的具体特点，选取某个角度，积累相关词句。在这方面，余映潮老师总能别具慧眼、别具一格。比如，在教学《珍珠鸟》一文时，他梳理整合文中带"动"的词语，如"闪动、惊动、活动、摇动、跳动、颤动、扭动"等；在教学《三峡》一文时，他让学生积累偏旁中有三点水的词，如"沿、湍、瀑、漱、涧、沾"等。这样的梳理积累，既可让课堂充溢着朴素的语文味，又能教给学生积累词语的方法。

梁启超《敬业与乐业》一文中引用的名言较多。教师可让学生根据提示语，写出课文中引用的名言，比如：

　　勤动脑子多做事："饱食终日，无所用心，难矣哉！"（孔子）
　　不干工作不享用："一日不做事，一日不吃饭。"（百丈禅师）
　　百行百业勤当头："百行业为先，万恶懒为首。"（梁启超）
　　做事分心事难成："坐这山，望那山，一事无成。"（曾国藩）

（三）高级积累——活用

所谓活用，就是巧妙运用文中的一些词句，通过活学活用的方式来丰厚语文素养。

比如在学习《岳阳楼记》一文时，我们可以用"找对子"的方式梳理积累，其乐无穷。请看：

上：北通巫峡
下：南极潇湘
上：沙鸥翔集
下：锦鳞游泳
上：政通人和
下：心旷神怡
上：滕子京谪守巴陵郡
下：范仲淹抒怀岳阳楼
上：不以物喜，居庙堂之高则忧其民
下：不以己悲，处江湖之远则忧其君
上：迁客骚人，去国怀乡，忧谗畏讥
下：唐贤今人，题诗作赋，把酒临风

这样的教学设计，这样的梳理积累，往往让学生喜笑颜开。如此日积月累，学生的语文素养必能与时俱进，语文学习兴趣也必将乘势而上。

五、语法修辞伴语境

关于"语言文字积累与梳理"这个学习任务群，不可忽视语法修辞相关知识。

所谓语法，简单地说，就是语言的行文法则、规则。叶圣陶先生在《给少年儿童写东西》中这样释义："语法就是正常人的语言习惯。"具体来说，它是指语言的结构方式，包括词的构成和变化，短语和句子的组织。学习语法能让我们的语言变得准确规范、清楚明白。

所谓修辞，简单地说，就是修饰言论。其目的在于利用多种语言手段，对语言进行综合的艺术加工，以获得尽可能好的表达效果，给人以深刻的印象和语言的美感。鲁迅先生曾在《书信集·致李桦》中说道："正如作文的人，因为不能修辞，于是也就不能达意。"

《语文课程标准（2022）》在《关于语法修辞知识的说明》（以下简称《说明》）中，对语法修辞知识进行了简明扼要的约定。它包括词的分类、短语的结构、单句的成分、复句的类型、常用标点符号、常用修辞手法等。《说明》指出，语法修辞知识"应根据语言文字运用的实际需要，从所遇到的具体实例出发进行指导和点拨。要避免脱离实际运用，围绕相关知识的概念、定义进行系统、完整的讲授与操练"。

学习语法修辞，最好的办法是随文学习，各个击破。比如在教学《祖国啊，亲爱的祖国》一文时，便可以依托课后练习五让学生"习得"比喻修辞手法。

教学此类知识，最理想的状态莫过于教者的原创示范。比如，笔者曾写下一首《自画像》，将比喻知识和写作创造巧妙地结合在一起。

> 我是一头笨骆驼，天生习惯走沙漠。
> 情愿驮重不驮轻，脚踏实地多快乐！
> 我是一头笨骆驼，耐得风沙与饥渴。
> 一路蹄窝一路歌，管他坎坷与沟壑！
> 我是一头笨骆驼，独自行走不寂寞。
> 古今中外多少事，留待旅途去消磨。
> 我是一头笨骆驼，满眼戈壁不迷惑。
> 心中装着北极星，不让岁月成蹉跎。

关于"语言文字积累与梳理"这个学习任务群，暂且说到这里，后头会结合其他学习任务群再讲。

"实用性阅读与交流"学习任务群例谈

"实用性阅读与交流"是一个发展型学习任务群。它的"发展",是建立在"语言文字积累与梳理"这个学习任务群基础之上的,同时又是有助于促进"语言文字积累与梳理"的。

该任务群的关键词是"实用性",这种实用性体现在与现实生活密切相关。本文将围绕这个关键词谈谈我个人的理解。

一、课程标准解读

"工具性"与"人文性"是语文课程的两大属性。两者的和谐统一,构成了语文课程的基本特点。如果单从其"工具性"来看,主要是培养学生的听说读写等方面的能力,而这些方面能力的培养,最好的办法便是结合日常生活的真实情境。但是,"人文性"和"工具性"从来都是一根藤上的两个瓜,彼此相辅相成,水乳交融。

关于"实用性阅读与交流"学习任务群,从其途径而言,一是要打通教材与生活,用生活的源头活水来浇灌教材文本;二是要打通生活与学习,在真实的社会生活、学校生活、家庭生活、个人生活中去感受语文、学习语文、运用语文。实用性便在这些真实的生活情境中得以体现。

下面,笔者结合《语文课程标准(2022)》,尝试用表格的形式,将该学习任务群的学习任务略作梳理。需要说明的是,为表述方便,单设"实用性写作"一栏。比如,第一、第四学段梳理如下:

学段	实用性阅读	实用性交流	实用性写作
第一学段	1. 阅读有关个人生活、家庭生活、学校生活的短文；2. 在革命遗址、博物馆、公园、剧场、车站等社会场所中，学习有关标牌、图示、说明书；3. 阅读有关中华优秀传统文化的短文	1. 与家庭成员、亲朋好友、同学、老师文明沟通，交流见闻和感受；2. 在社会场所中，遵循规则，礼貌交流；3. 将读到、听到、看到的有关中华传统文化故事讲给他人听	学习写话。写自己想说的话，写想象中的事物
第四学段	1. 阅读叙事性和说明性文本；2. 阅读科技作品；3. 学习为创造人类美好生活作出重要贡献的杰出人物事迹；4. 跨媒介阅读，包括国内外政治、经济、社会、科技、文化等方面的新鲜事、新闻报道、时事评论等作品	1. 发现、欣赏、表达和交流家庭生活、学校生活、社会生活和大自然的美好；2. 交流阅读科技作品的发现和体会；3. 就感兴趣的话题与同学进行线上线下讨论，选择合适的媒介进行交流沟通	1. 写记叙性文章；2. 写常见应用文；3. 缩写和扩写

从上表我们可以看到，"实用性阅读与交流"学习任务群和语文课程核心素养密切相关。

从"文化自信"角度看，要求学生学习中华优秀传统文化，学习和讲述老一辈无产阶级革命家和革命英雄、劳动模范、科学家的事迹，关注社会主义建设新成果，并进行线上线下的讨论。

从"语言运用"的角度看，它在实用性交流（含写作）中最能体现，"文明沟通""乐于分享""礼貌交流""客观表述""记录展示""线上线下讨论"等词语就充分地体现了这一点。同时，写便条、写书信、写日记、写观察手记、写读书笔记、写纪实作文等，也都是在发展语言运用这一素养。

从"思维能力"的角度看，要求学生获取、整合有价值的信息，通过列大纲、写脚本、画思维导图来整理和呈现信息，还有比较不同媒介的表达效果，都指向联想想象、分析比较、归纳判断等认知表现，指向思维的敏捷性、灵活性、深刻性、独创性和批判性。

从"审美创造"的角度看，课标中要求的"感受美好亲情""学会感恩""文明礼貌地进行交流""展示自己观察自然、探索科学世界的收获""发现、欣赏、表达和交流……生活和大自然的美好""欣赏人类的科学创造"等词句，都指向培养学生感受美、发现美、表现美、创造美的能力。

"实用性阅读与交流"任务群学习，需要真情境教学、大任务引领、子任务驱动、小活动促进。比如，第三、四学段围绕"拥抱大千世界""科学家的故事""家乡文化探究"等主题，可以采取朗读、复述、表演、对话、报道等形式，让学生在这些喜闻乐见的情境下，将识字与写字、阅读与写作、口语交际与信息搜集等融为一体，学生的核心素养在切实的语文活动中得到持续的、整体的提升。

二、单元教学例谈（以六年级上册第三单元为例）

（一）单元内容简析

六年级上册第三单元以"阅读策略"为主题，学习重点包括：根据阅读目的，选用恰当的阅读方法；写生活体验，试着表达自己的看法。

本单元整体教学设计的写作任务是：融入感情，写好事物，表达看法。具体而言，结合自己的生活体验，从"微笑、诚信、梦想、创意……"中选一个话题，写一篇《_____让生活更美好》的习作。

本单元选用的3篇课文，都可以归属到"实用性阅读与交流"这个学习任务群。就表达方式而言，这几篇文章都以"说明"为主。

《竹节人》重点介绍了竹节人的制作方法，叙述了竹节人给"我们"带来的快乐，还有老师玩竹节人时的全神贯注，这令人忍俊不禁。本文的阅读，可根据不同的阅读目的，关注不同的写作内容。

《宇宙生命之谜》围绕一个大自然之谜进行探究：宇宙中，地球之外的其他星球是否也有生命的存在？该文重点说明了生命存在需要的几个条件，根据这几个条件进行了一一排除，但宇宙的生命之谜并未揭开。本文的教学，要引导学生学会探究不同的问题，学会选用不同的阅读方法。

《故宫博物院》是一组非连续性材料，包括三个文本材料、一幅示意图材料，从不同角度介绍了北京故宫博物院。本文的教学，要引导学生采用不同的阅读方法，完成不同的学习任务。比如，画一张故宫参观路线图，为家人设计故宫一日游；选择故宫里的某一两个景点，在家人游览故宫时作讲解。

3篇课文，从其内容来看，分别属于学校生活、科技生活、社会生活。教师实施教学时，都应紧扣"实用型阅读与交流"这个学习任务群的基本特点，在"实用性"上做好文章；同时，还应当与"语言文字积累与梳理"学习任务群有机结合，不断丰厚学生的语文积累。

本单元后有一个"语文园地"，包括"交流平台""词句段运用""日积月累"三个部分。该园地也都指向"语言文字积累与梳理""实用型阅读与交流"这两个学习任务群。实施教学时，教者应一并纳入考虑和设计。

在单元提示里，编者引用了杨绛先生的一句话："读书好比串门儿——隐身的串门儿。"我们不妨以"串门"为关键词，来串"传统玩具大杂院""宇宙生命探索馆""北京故宫博物院"。图示如下：

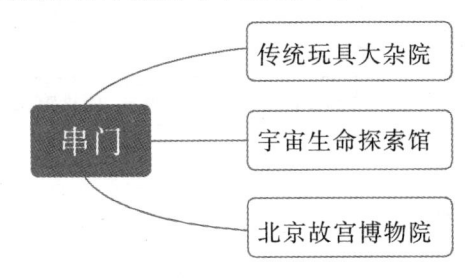

```
                    ┌── 传统玩具大杂院
         串门 ──────┼── 宇宙生命探索馆
                    └── 北京故宫博物院
```

本单元整体教学设计的基本思路是：

1. 按照文前提示和个人喜好，选择某种阅读方法，通读本单元三篇课文，填写相应表格，梳理文章的主要内容；

2. 在本单元学习重点和写作任务统筹下，稳步单篇推进，完成各自在"语言文字积累与梳理""实用型阅读与交流"两方面的学习任务；

3. 指导学生梳理阅读方法和学习心得；

4. 结合"语文园地"，展示学习成果。

（二）单元教学创意

该单元教学，共分四个课段。

第一课段：单元通读，梳理文章主要内容（2课时）

【学习任务】

自主阅读，梳理课文，填写表格；相互交流，相互评价，自我完善。

【创意设计】

创意一：导入单元

我国著名女作家、文学翻译家杨绛先生，关于读书有一个精彩的比喻，她说："我觉得读书好比串门儿——'隐身'的串门儿。要参见钦佩的老师或拜谒有名的学者，不必事前打招呼求见，也不怕搅扰主人。翻开书面就闯进大门，翻过几页就升堂入室……"

本单元的三篇课文，将带着我们一起去串门，一串"传统玩具大杂院"，二串"宇宙生命探索馆"，三串"北京故宫博物院"。

这次"隐身"的串门，我们将根据阅读目的，选用适合自己的阅读方法。阅读过程中，我们尝试写下生活体验，表达自己的一些看法。

创意二：通读梳理

通读本单元三篇课文，根据各自的阅读目的、关注的内容、采用的阅读方法，以及生字词积累，完成下表。

课文	阅读的目的	关注的内容	阅读方法	生字词积累
《竹节人》				
《宇宙生命之谜》				
《故宫博物院》				

创意三：小组交流

1. 各小组内交流各自填写的表格，相互借鉴，各自修订。

2. 组内合作，完成一份表格作为本小组通读课文的学习成果表。小组成员可以保留各自不同意见。

3. 生字词听写。组内成员结对相互抽查，每篇课文3—5个。

创意四：学习评价

1. 自评。根据个人表格完成情况和生字词听写情况，以5分制自评。

2. 他评。各小组在教室"语文园地"里张贴本组通读课文的学习成果表，供其他组同学阅读评价。

第二课段：单篇推进，完成各自学习任务（5课时）

【学习任务】

单篇推进3篇课文，完成相应的"实用性阅读与交流"学习任务。

【创意设计】 以第 9 课《竹节人》为例。

创意一：画一画思维导图

根据课文内容，画一幅思维导图，呈现出作者的写作思路。

学生各自画图，教师因势利导。比如：

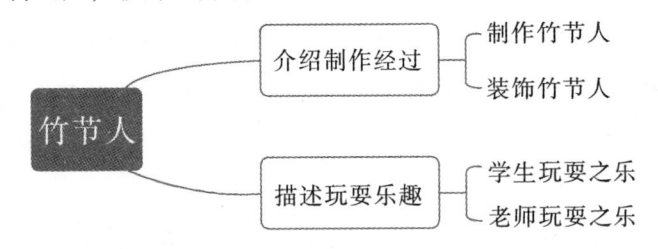

```
                    ┌─ 制作竹节人
        ┌─ 介绍制作经过 ─┤
        │            └─ 装饰竹节人
竹节人 ──┤
        │            ┌─ 学生玩耍之乐
        └─ 描述玩耍乐趣 ─┤
                    └─ 老师玩耍之乐
```

创意二：讲一讲制作流程

文章的第 3 段介绍了竹节人的制作方法。但是现在要做竹节人，如果把好好的毛笔给锯断，是一种浪费，而且一支毛笔杆未必够用；同时，有些毛笔杆并非竹子所做，也就是说，一些毛笔杆并不是空心的，无法从中穿线；还有，很多家庭也没有纳鞋底的线可用。那么，现在爷爷奶奶或爸爸妈妈要和你一起制作一个竹节人，你怎么和他们说得清楚明白？（可借用该段的"锯""钻""穿"等动词）

创意三：品一品玩耍之乐

师生共读第 4—19 段，体会传统玩具给人带来的乐趣。比如：

乐在给人想象："那个发明这竹节人的家伙，准也是坐在这种课桌长大的。"

乐在体态健美："那立在裂缝上的竹节们就站成一个壮士模样，叉腿张胳膊，威风凛凛。"

乐在搏斗顽强："将鞋线一松一紧，那竹节人就手舞之、身摆之地动起来。两个竹节人放在一起，那就是搏斗了，没头没脑地对打着，不知疲倦，也永不会倒下。"

乐在神气活现："竹节人手上系上一根冰棍棒儿，就成了手握金箍棒的孙悟空，号称'齐天小圣'"，"找到两根针织机上废弃的钩针，装在竹节人手上，就成了窦尔敦的虎头双钩"。

创意四：读一读四字词语

本文在描述竹节人的制作过程和玩耍之乐时，运用了很多四字词语，使得文章语言精练，读起来朗朗上口。读一读，写一写，积累一些词汇。比如：

风靡全班、前功尽弃、威风凛凛、没头没脑、呆头呆脑、叱咤风云、别出心裁、技高一筹、得意扬扬、弄巧成拙、黑虎掏心、泰山压顶、双龙戏珠……

创意五：写一写玩具之趣

自蹒跚学步开始，父母便给我们买了许多玩具，比如积木、套娃、汽车、玩具枪、滑板车等。我们在玩耍中动手动脑、眉开眼笑，在玩耍中与人分享、增进友谊。请写一段话，把你玩耍玩具的快乐写出来，并用上以上四字词语不少于5个。

教师示范：我读小学时，打皮老鼠这种游戏，不说是风靡全国，但至少是风靡全校、**风靡全班**。皮老鼠是怎样制作的呢？我们找来一根结实的木棍，叫大人在木棍的顶端锯下大约两寸长的一小结，然后将其削成上大下小的椎体状，在椎体顶端**别出心裁**地钉进一颗小钢珠。大人们**全神贯注**地做着，我们**津津有味**地看着。皮老鼠做好后，我们又从家里翻出一些较厚的小布片，或是一段小麻绳，以此作为打皮老鼠的鞭子。一切弄好后，我们便**心满意足**。

别看皮老鼠呆头呆脑的样子，但只要将小布片或小麻绳缠住，左手一抛，右手一抖，皮老鼠便**咋咋呼呼**地在地上旋转起来。一鞭子下去，皮老鼠更是**威风凛凛**、不可一世。小伙伴们常常以此来比赛，看看谁的皮老鼠"不死"。**技高一筹**者，皮老鼠甚至可以连续旋转几十分钟，乃至一个多小时……

创意六：讲一讲老师故事

有感情地朗读文章的第20—29段。这些段落写了一段偷看老师玩耍竹节人的故事，既表现了老师的童心未泯，又写出了我们偷看后的心满意足。

从读幼儿园开始，老师便和我们朝夕相处。你有没有类似课文的那种关于老师的鲜为人知的故事呢？请写下来，与大家分享。

第三课段：梳理总结，展示单元学习成果（1课时，略）

第四课段：习作训练，完成单元写作训练（2课时，略）

"文学阅读与创意表达"学习任务群例谈

"文学阅读与创意表达"是第二个发展型学习任务群，同样立足于"语言文字积累与梳理"的基础之上。它的两个关键词"文学"和"创意"，将语文学习指向了更高的层面。

个人认为，"文学"，追求真、善、美；"创意"，追求新、异、美。二者都有"美"这个共同目标。落实好"文学阅读与创意交流"这个学习任务群，将帮助学生建设一个美好的心灵世界，并引导学生追求一种更加美好的幸福人生。

一、课程标准解读

（一）基本要求：提高审美品位，尝试文学创作

《语文课程标准（2022）》关于"文学阅读与创意交流"学习任务群的基本要求，主要包括3个方面。

一是"引导学生在语文实践活动中，通过整体感知、联想想象，感受文学语言和形象的独特魅力，获得个性化的审美体验"。这里的语文实践活动，主要是指"文学阅读"；强调"整体感知"和"联想想象"，便是关注学生学习的主观能动性，摒弃那种条分缕析和满堂灌输；强调"个性化的审美体验"，便是遵从儿童的认知规律，让学生从各自的生活经验出发去感受文学语言和文学形象，语文教学不追求所谓的"标准答案"。

二是"了解文学作品的基本特点，欣赏和评价语言文字作品，提高审美品位"。这里的"作品"，简单地说，指的是散文、小说、诗歌等文学作品，具体包括革命文化、人与自然、人与社会、儿童文学等方面的优秀作品。无论是哪种哪样的文学作品，都是为了立德树人，也就是让学生的心灵世界更

纯洁、更善良、更美好。"欣赏"是用喜爱的心情去领略人或事物的趣味，"评价"是衡量、评定人或事物的某种价值。"欣赏和评价"是学习文学作品的基本方法，既包括圈点勾画、批注点评等外在行为，也包括只用"心"去领略和赞美的内在心理活动。它强调的也是要充分发挥学生主观能动性。在欣赏和评价语言文字作品时，读者也是在分享作家的认识和思考、经验和智慧、审美情趣和审美品位。

三是"观察、感受自然与社会，表达自己独特的体验和思考，尝试创作文学作品"。这里仍然有"吸纳"——"观察、感受自然与社会"，也就是"从无字句处读书"，读自然之书，读社会之书。但更多的是"释放"——表达自己的真情实感和真知灼见，尝试创作富有个性化的诗歌、散文、小说，以此表达自己认识和思考、经验和智慧、审美情趣和审美品位，还有自己的立场、视野、胸襟、格局。文学创作实质上是一种"我与自然""我与社会""我与自我"的深度对话。在这种对话中，学生在文化自信、语言运用、思维能力、审美创造等方面可以获得长足的进步和持续的发展。

这，大概便是"文学阅读和创意表达"学习任务群的价值定位。

（二）学习内容：突出四类作品，提升语文素养

从"文学阅读"角度看，《语文课程标准（2022）》关于"文学阅读与创意表达"学习任务群，主要围绕革命文化、人与自然、人与社会、儿童文学四类文学作品，由浅入深、从易到难地安排学习内容。

关于革命文化作品的阅读，笔者在讲述革命文化一节中提到，革命文化作品因其思想内容和载体立场有着一定的特殊性，因而在教育教学中应坚持"四性"：一是坚持思想性，即坚持价值取向的原则；二是坚持学科性，即坚持文道合一的原则；三是坚持融合性，即坚持单元整合的原则；四是坚持人本性，即坚持适切学生的原则。

在"学习内容"中，关于革命文化作品的阅读，各学段要求如下：第一学段，"表达敬仰之情和向他们学习的愿望"；第二学段，"表达自己对美好生活的向往，以及对革命英雄、仁人志士的崇敬之情"；第三学段，"感受革命领袖、革命先烈伟大的精神世界和人格力量，认识生命的价值"；第四学段，"感悟革命领袖、革命英雄、模范人物的理想信念和奋斗精神"。从上述内容

可以看到，革命文化作品的人文主题相对集中，不宜多元解读。

从"创意表达"角度看，各学段的学习内容也是遵循一种螺旋上升的基本规律。这里不作赘述，请看下表（以第三、四学段为例）：

表1 "文学阅读与创意交流"第三、四学段学习任务表

学段	文学阅读	创意表达
第三学段	1. 阅读、欣赏革命领袖、革命先烈创作的文学作品，以及表现他们事迹的诗歌、小说、影视作品等，感受革命领袖、革命先烈伟大的精神世界和人格力量，认识生命的价值（革命文化）； 2. 阅读表现人与自然的诗歌、散文等优秀文学作品，感受大自然的奇妙，体会人与自然和谐相处的意义（人与自然）； 3. 阅读表现人与社会的优秀文学作品，走进广阔的文学艺术世界，学习品味作品语言、欣赏艺术形象（人与社会）； 4. 阅读反映少年成长的故事、小说、传记等，交流自己获得的启示（儿童文学）	1. 运用讲述、评析等方式，交流自己的情感体验（革命文化）； 2. 用口头或者书面的方式表达对自然的观察与体验，抒发自己的情感（人与自然）； 3. 复述印象深刻的故事情节，积累多样的情感体验，学习联想与想象，尝试富有创意地表达（人与社会）； 4. 学习运用细节描写等文学表现手法，描述自己成长中的故事（人与自我）
第四学段	1. 阅读反映中国革命各个时期的重大事件、伟大成就、代表性人物及其感人事迹的优秀文学作品，感悟革命领袖、革命英雄、模范人物的理想信念和奋斗精神（革命文化）； 2. 阅读表现人与自然的优秀文学作品，包括古诗文名篇，体会作者通过语言和形象构建的艺术世界（人与自然）； 3. 阅读表现人与社会、人与他人的古今优秀诗歌、散文、小说、戏剧等文学作品，学习欣赏、品味作品的语言、形象等（人与社会）； 4. 领略数字时代精彩的文学世界，欣赏由经典文学作品改编的影视作品，感受不同媒介的艺术魅力（跨媒介文学）	1. 运用多种方式交流自己的阅读感受（革命文化）； 2. 借鉴其中的写作手法，表达自己对自然的观察和思考，抒发自己的情感（人与自然）； 3. 交流审美感受，体会作品的情感和思想内涵；尝试写诗歌、小小说等（人与社会）

（三）教学提示：创设读写情境，重视过程评价

《语文课程标准（2022）》关于"文学阅读与创意交流"学习任务群的教学提示有三点。

第一点，创设阅读情境

"一切知识都是从感官的知觉开始的。"教育家夸美纽斯的这句话揭示了情境的重要性。

"没有生活做中心的教育是死教育""没有生活做中心的书本是死书本"，陶行知先生的这两句话指出了生活对于教育的不可替代的作用。

围绕学习主题，创设阅读情境，强调的是要基于学生的年龄特征和生活经验，安排合乎不同学段学生的认知规律的学习内容，创设适宜的阅读情境。比如，第一学段的"春夏秋冬""儿童生活"，第二学段的"祖国山河""童年趣事"，第三学段的"读书明智""爱与责任"，第四学段的"精忠报国""人与自然和谐共生"，等等。

需要注意的是，内容不等于情境。情境更指向学生的生活实际，亦指向学生的语言运用。比如，在第三学段"爱与责任"这个学习项目中，可创设如下生活情境：

阅读与讲述——"爱与责任"故事会；

聆听与歌唱——"爱与责任"音乐汇；

分享与写作——"爱与责任"日日行。

再比如，在"古诗苑漫步"这个学习项目中，可按照教材提示，创设如下生活情境：

声情并茂诵古诗——感受古诗声韵之美；

别出心裁品古诗——打通艺术表现之门；

分门别类辑古诗——体验文学编辑之乐。

这样的系列情境创设，能够让"文学阅读与创意交流"有机融合，将任务群的主题、目标、内容等落到实处，引导学生实实在在地感受文学之美，真真切切地表达自己的独特感受，名副其实地促进学生的精神成长。

第二点，整合听说读写

引导学生成为主动的阅读者。阅读的形式包括朗读、默读、诵读等。阅读的内容，除了纸质的小说、诗歌、散文，还包括新媒体状态下的微信、微博、海报等。教者应特别重视古代诗文的诵读积累，在诵读积累中提升审美

能力和审美品位。

引导学生成为积极的分享者。它包括复述、评述、讨论、推介等，不限于课堂，不限于口头和纸质，比如在寒假里来一次以"年味"为主题的"文学阅读与创意交流"语文活动。"文学阅读"既可包括古贤今人的古诗名篇，也可包括张贴的年画、春联等。

引导学生成为有创意的表达者。创意交流的内容包括自己创作的诗歌、散文、小说、春联、绘画、歌曲、思维导图等。交流载体可以是纸质的，也可以是电子的（比如微信公众号推文）。

第三点，多元评价激励

"文学阅读与创意交流"学习评价，应体现"教—学—评"一体化原则。从评价时段来看，侧重于过程性表现。"过程性表现"在"文学阅读与创意交流"中，主要涉及阅读兴趣、感知程度、参与状态、交流信心、创意效果、审美品位等方面。

侧重于过程性表现，必然要遵循学段年龄特征和认知规律。笔者根据"教学提示"内容，制作了一张《"文学阅读与创意交流"各学段学习评价表》，如下：

表2　"文学阅读与创意交流"各学段学习评价表

学段	评价关注点	评价侧重点
第一学段	关注阅读兴趣和审美感受	通过朗读和想象等，侧重考查学生对作品情境、节奏和韵味的大体感受
第二学段	关注阅读理解和审美发现	侧重考查学生对重要段落和语句的理解，以及对作品的语言和形象的具体感受
第三、四学段	关注阅读鉴赏和创意表达	侧重考查学生对语言、形象、情感、主题的领悟程度和体验，评价学生文学作品的欣赏水平，关注研讨、交流以及创意表达能力

二、单元教学例谈（以八年级上册第四单元为例）

（一）单元内容简析

八年级上册第四单元共5篇散文，其中有写人记事的《背影》，有托物言志的《白杨礼赞》，有阐发事理的《永久的生命》《我为什么而活着》，有写景抒情的《昆明的雨》，均表达出作者独特的情感体验和深刻的人生感悟。

"情感哲思"是该单元的人文主题。教师从这个人文主题出发，可引导学生领会作品的情思，以此培养学生的审美情趣，丰富学生的精神世界。

从语文要素角度看，一是要引导学生在反复品味、欣赏语言中，体会并理解作者对生活的感受和思考；二是要引导学生了解不同类型散文的特点。

根据上述要求，从单元实际出发，我们不妨以**"发现散文之美，述写生活之美"**为单元主要学习任务，搭建合适支架，帮助学生学习好本单元。

（二）教学创意简说

1. 发布单元主要学习任务
2. 回顾不同类型散文基本特点

表3 散文类型与基本特点回顾表

散文类别	课文举例	基本特点
写人记事类	《散步》《秋天的怀念》	选材真实，语言朴实，情感真挚；叙事或完整或零散，自由灵活，不拘一格
托物言志类		
阐发事理类		
写景抒情类		

3. 阅读、梳理本单元5篇文章在选材、情思等方面的主要内容

表4 第四单元课文内容梳理表

课文	选材	情思
《背影》	主要选取了在祖母去世、父亲赋闲的这种"祸不单行"的日子里，父亲在南京车站给"我"送行，并坚持为"我"买橘子，以及来京后读父亲来信等平凡而真实的生活故事	主要表现了父亲对"我"的关爱，"我"对父爱的理解、对父亲的愧疚，以及对自己成长的反思
《白杨礼赞》		
《永久的生命》		
《我为什么而活着》		
《昆明的雨》		

4. 发现散文之美

这里以《背影》为例。

（1）美在构思。抓住"背影"这个侧面，表现人物特点和作者情思。

（2）美在线索。以"背影"为线索，通过"不能忘的背影""爬月台的背影""消失了的背影""泪光中的背影"串联全文，结构紧凑，浑然一体。

（3）美在情感。父爱子，子怜父，着力表现了"我"对父爱的理解、对父亲的愧疚，以及对自己成长的反思。

（4）美在细节。通过对人物语言、动作等方面的细节描写，把父亲对自己的关爱表现得淋漓尽致。比如：

"他拣定了靠车门的一张椅子"——便于"我"上车更快捷。

"他嘱我路上小心，夜里要警醒些，不要受凉"——对儿子的衣食住行都考虑得非常细致。

"你就在此地，不要走动"——怕"我"走丢，怕"我"行李丢失。

（5）美在用词。比如文章第6段的"他用手攀着上面，两脚再向上缩；他肥胖的身子向左微倾，显出努力的样子"。这里的"攀""缩""微倾"等动词的运用，把父亲为"我"买橘子的那种艰难，表现得十分传神。

（6）美在语言。本文的语言素朴而又典雅，简净而又细致。比如：

"回家变卖典质，父亲还了亏空；又借钱办了丧事。这些日子，家中光景很是惨淡，一半为了丧事，一半为了赋闲。"——很简约的四五十个字，交代了"变卖典质"和"借钱办了丧事"两个事件，以及家景惨淡的原因。可谓是"言简义丰"。句中"变卖典质""还了亏空""家中光景""很是惨淡""为了丧事""为了赋闲"这些短语，体现了朱自清散文语言的典雅、简净等特点。

（7）美在情思。作家李广田评价《背影》一文"表面上看起来简单朴素"，而实际上却是一篇"能发生极大的感动力的文章"。这种"感动力"，并非我们常说的"父爱子""子怜父"这么简单，而更在于"觉醒"二字——人与人之间的那种"最真诚、最动人的天伦的觉醒"，也就是要敞开心扉，坦诚表达各自裹藏在内心深处的真实情感。

5. 系统学习散文知识

本单元几篇课文系不同类型的散文。课外利用互联网，围绕散文相关知识进行搜索，包括其文体特征、发展历史、类别特点、阅读策略等。小组合作，做好分工，制作一本"关于散文"的小册子。

6. 述写生活之美

要求：抓住某个"侧面"，写一篇写人记事的散文。

提示：从一个"侧面"写人，就是抓住人物身上最能表现其个性特点的某个部位、某种动作、某种习惯，着力进行描写，并就与之相关的事件进行叙述、议论、抒情，从而表现他（她）的性格特征、思想品性，表达自己对他（她）的某种美好情感。

"思辨性阅读与表达"学习任务群例谈

"思辨性阅读与表达"学习任务群,主要对接语文课程核心素养中的思维能力。在阅读与表达中通过分析比较、归纳判断等认知表现,提升学生逻辑思维、辩证思维和创造思维等方面能力,培养学生思维的深刻性和批判性,培养学生崇尚真知、勤于思考、敢于质疑、独立判断的良好习惯。

一、课程标准解读

（一）基本要求：学会梳理辨析,培养理性思维

《语文课程标准（2022）》关于"思辨性阅读与表达"学习任务群的基本要求,主要包括三个方面。

一是引导学生"在语文实践活动中,通过阅读、比较、推断、质疑、讨论等方式,梳理观点、事实与材料及其关系"。

这主要针对议论文阅读,但不限于议论文,一些说明文、阐发事理的散文也包括观点、事实与材料等要素。

比如,说明文《中国石拱桥》里,"为什么我国的石拱桥会有这样光辉的成就呢?"就包含了"我国的石拱桥具有光辉的成就"这一观点。文段中"他们制作石料的工艺极其精巧……其次……再其次……",这一系列说明文字,便包含了事实与材料。

再比如,阐发事理的散文《永久的生命》一文里,"过去了的时间永不再回来""人们却不应该为此感到悲观""感谢生命的奇迹,它分开来是暂时,合起来却是永久"等句子,都是作者的观点。为了证明这些材料,文章运用了大量的事实和材料来论证,以此从悲观中发掘希望,在柔弱中寻觅坚强,歌颂"生命自身"的神奇与不朽。

从广义角度看，只要可用来比较、分析、概括、推理的文章，都可用作思辨。

二是引导学生"辨析态度与立场，辨别是非、善恶、美丑，保持好奇心与求知欲，养成勤学好问的习惯"。

态度，指的是对某种事情的看法和行动。与之搭配的形容词，常有"积极"与"消极"，"明朗"与"模糊"等。

立场，指的是认识或处理事物时的立足点或所持的态度。从"立足点看"，比如"中国立场""西方立场"等；从"态度"看，比如"立场坚定""立场不坚定"等。

在真实的学习情境中，也就是将生活的源头活水引入语文学习，让学生在现象与本质、形式与内容、偶然与必然、可能与现实、原因与结果等关系中，学会辨析态度与立场，学会辨别是非、善恶、美丑。生活的源头活水与语文学习的高度融合，是保持学生好奇心与求知欲的唯一阳光大道。

三是引导学生"负责任、有中心、有条理、重证据地表达，培养理性思维和理性精神"。

负责任地表达，就是对自己所说的话，包括立场与态度、事实与材料、场所与方式、影响与后果，都有比较明确的判断，并能为之承担相关的法律、道德、效率等方面的后果。它强调的是一种价值判断。

有中心、有条理、重证据地表达，所强调的是一种表达技巧。但重证据，也是负责任的一种表现。我们通常所说的言之有物、言之有序、言之有理，便是如此。

理性思维和理性精神，建立在"负责任、有中心、有条理、重证据"的基础之上。比如，八年级下册的"举行演讲比赛"（活动·探究），九年级上册的"观点要明确""议论要言之有据""论证要合理"等写作训练，九年级下册的"辩论"口语交际等，培养的就是"负责任、有中心、有条理、重证据地表达"的能力，以及理性思维和理性精神。

（二）学习内容：指向核心素养，重在活学活用

为了更清晰地了解这个学习任务群的学习内容，我们可以看看下表（以第三、四学段为例）。

表1 "思辨性阅读与表达"学习任务群第三学段学习内容

思辨性阅读	思辨性表达	简要分析
阅读关于中华传统美德、社会公德等方面的短论、简评，结合校园或社会生活中的实际事例	学习有理有据地口头或书面表达自己的观点	指向文化自信，指向生活实际
在日常生活和学习中，发现并思考成语、对联、谚语、绕口令等多种语言现象的特点，体会不同的表达效果		指向中华优秀传统文化。成语、对联、谚语等，需要活学活用。增加语文积累，提升语文素养
阅读有关科学发现、技术发明的故事	用画思维导图等方式辅助，简洁清楚地表述科学家发现、发明的过程，学习科学家的创造精神，体会猜想、验证、推理等思维方法	指向科学素养，指向创新意识，指向思维能力
阅读哲人故事、寓言故事、成语故事等，感受其中的智慧，学习其中的思维方法		哲人故事、寓言故事、成语故事中，饱含哲理的思辨

表2 "思辨性阅读与表达"学习任务群第四学段学习内容

思辨性阅读	思辨性表达	简要分析
阅读关于生活感悟、生活哲理方面的优秀作品，学习思考与表达的方法	结合生活经验和阅读材料，阐述自己的感悟和观点	语文的外延和生活的外延相等。在生活中学习思辨性阅读与表达
学习关于科学探究方面的文本	联系自己的科学学习经历，围绕问题提出、探究过程、解决方法等进行专题式的研讨、演讲和写作	指向科学精神。提出一个问题，比解决一个问题更有价值。学会用研讨、演讲、写作等方式进行思辨性表达
阅读诗话、文论、书画艺术论的经典片段	尝试运用其中的观点欣赏、评析作品	艺术之美，不仅在于其美好的形式，更在于其深刻的思想。欣赏、评析，即思辨

（续表）

思辨性阅读	思辨性表达	简要分析
学习革命领袖的理论文章、经典的思辨性文本（包括短小的文言经典），理解作者的立场、观点与方法	围绕社会热点问题，以口头或书面方式参与讨论	指向革命文化。作者的立场、观点和方法，包含思辨精神。讨论社会热点问题，即是活学活用

（三）教学提示：创设情境任务，注重过程评价

一是创设适宜的学习主题和学习情境

创设学习主题，是为了阅读与表达更好地聚焦；创设学习情境，是为了更有力地刺激思维。

以一年级上册"我的小问号"为例，可结合课文《大小多少》《大还是小》、口语交际"多大的声音"，联系生活实际，比如书本、运动场、房间等，让学生围绕"大"与"小"进行思辨。

再以三年级上册第七单元为例，整合《大自然的声音》《读不完的大书》《父亲、树林和鸟》三篇课文，以"大自然的奥秘"为思辨的主题，带领学生到校园的某个角落或校园周边的某个公园，一起讨论"大自然赐给了我们哪些礼物""我们该如何保护这些礼物"。

就这样，把学习主题与学习情境融合，把文本学习与生活实际结合，把自主探究与集中讨论结合，把口头交流与书面表达结合，为提高学生的思辨能力提供思考、表达和交流的空间。

二是开展丰富多彩的学习活动

提高思辨能力，除"阅读"文本外，其"表达"主要表现在讨论、探究、演讲、写作等方面。

这里以四年级上册第七单元为例，可结合课文《古诗三首（〈出塞〉〈凉州词〉〈夏日绝句〉）》《为中华之崛起而读书》《梅兰芳蓄须》《延安，我把你追寻》，以及"阅读链接"《难忘的一课》，围绕"天下兴亡，匹夫有责"这一主题，就"古往今来，爱国人士如何报国""新时代的中国少年如何报国"这两个问题发表自己的看法，并举出具体实例来支撑。

再比如七年级上册第四单元，可结合《纪念白求恩》《植树的牧羊人》《走一步，再走一步》《诫子书》4篇课文，以及课外阅读中读过的相关文本，围绕"如何拥有美好而充实的人生"这个问题来发表自己的观点，并用已经在做的和准备要做的一些做法，来支持自己的想法，以此不断完善自我的人生意义和价值。逐步让学生能够做到：表达力求做到观点鲜明，证据充分，逻辑清晰。

三是借助现代信息技术拓展思路

学会运用互联网，搜集、积累和利用相应的学习资源，包括观点、事例、图表、方法等。这是现代人的一种必备素养。到了小学高年级，应当注意培养学生这方面的能力，让学生逐渐学会选择一些具有可靠性和权威性的资源，养成注明所引资源出处的好习惯。

比如六年级下册第五单元"口语交际：辩论"。在日常生活中，我们常常遇到一些容易产生分歧的问题，比如"电脑时代需要练字"与"电脑时代不需要练字"、"现代信息交流方式会增进人与人之间的理解"与"现代信息交流方式不会增进人与人之间的理解"等，围绕这些问题展开辩论，一方面要结合个人的生活经验来立论，另一方面则可以关键词或问题的方式，去搜集一些有利于辩方立场的事实和道理。

四是评价要关注现场表现、思考过程和思维方法

重视现场表现，即重视学生在问题研究和解决过程中的交流、分享、补充、演讲、辩论等方面情况，包括参与的态度、表达的清晰度、评价的中肯度等。

重视思维过程，即重视学生在活动过程中所写的文字、所作的表格，以及统计图表、思维导图等。

简单地说，就是要特别关注学生在这方面的过程性评价，特别是自我评价。以交流为例，其评价表可参照下表。

表3　学生小组交流自评表

指标	优秀	合格	待达标
参与态度	积极参与，乐于表达	基本参与，偶尔表达	参与较少
提出问题	紧扣主题，主动发问	提问较少，指向不明	不敢发问

（续表）

指标	优秀	合格	待达标
交流讨论	观点鲜明，理由充分	观点模糊，理由含糊	没有参与
梳理贯通	勤于笔记，及时整理	条理不清，没有梳理	没做笔记
富有创意	形式多样，生动有趣	形式单一，创意不足	没有创意
仪态风度	乐于倾听，保持风度	倾听较少，风度不足	没有风度

二、单元教学例谈（以九年级第二单元为例）

（一）单元内容简析

思辨性阅读与表达，更多的是指向议论性文章。但课文全是议论性文章的单元，在整个初中阶段为数不多。从现行语文教材来看，九年级上册第二单元、第五单元，九年级下册第四单元，便属议论文单元。显然，文本资源不足，这是一个现实问题。从这个角度来看，议论文单元弥足珍贵，教师应当适当补充此类文本资源。

九年级上册第二单元，包括阅读4篇文章，即《敬业与乐业》《就英法联军远征中国致巴特勒上尉的信》《论教养》《精神的三间小屋》；写作"观点要明确"；综合性学习"君子自强不息"。4篇课文从不同角度选材，包括谈人生、议社会、论教养。如果要给这4篇课文找一个共通的人文主题的话，个人认为可以概括为"思想之光"。阅读此类文章，可以深化学生对社会、对人生的认识，不断提高思辨能力。

从语文要素来看，本单元主要让学生了解议论性文章的基本特点，包括把握作者的观点、区分文中的观点和材料、理清作者论证的思路、学习论证的方法。4篇课文中，《敬业与乐业》一文包含的议论文知识点较为齐全，因此，可将其作为"主攻对象"。

（二）教学创意简说

1. 发布单元学习任务

2. 制作议论文知识小卡片

结合九年级上册第二单元写作"观点要明确"、第三单元写作"议论要言之有据"、第五单元写作"论证要合理"，以及其他学习资料，按照论点、论据、论证三要素，进行学习梳理。

要素	知识点	类别
论点	论点，即表明作者的观点或主张的句子。它可以是对实际情况的判断，也可以是按事理做出的推断。它常以"……是……""……要/应当/必须……""……能够/将会……"等形式呈现	中心论点、分论点
论据	用来证明观点的材料，就是论据。事实论据包括历史事件、生活事例、统计数据等。道理论据包括名言警句、民间谚语、精辟的理论等	事实论据、道理论据
论证	论证，就是用论据来证明论点的过程与方法。合理的论证，要求选用合适的论据，运用适当的论证方法，准确阐发论据与论点之间的逻辑关系	道理论证、对比论证、举例论证、比喻论证、类比论证等

3. 学习《敬业与乐业》。依据议论文知识小卡片，完成本文的学习

（1）分析论点。跳读课文，找出本文的中心论点，并说说作者是从哪几个方面进行论证的。

①中心论点：_____

②分论点：_____

（2）分析论据。阅读课文第 3、4、5 段，从论据的角度简要分析。

论据类别	论据举例	论证的观点
道理论据		
事实论据		

（3）分析论证方法。阅读课文第 6、7 段，从论证的角度简要分析。

论证方法	举例说明	论证的观点

（4）分析论证过程。阅读课文第 8 段，从关联词、设问句等角度，分析它们在推进论证的过程中的作用。

类别	举例	作用
关联词		
设问		

（5）小组合作。作者在谈到"有业之必要"时，举了两个事例；在谈到"凡职业都是有趣味的"时，列出了4个理由。请参照这两种写法，尝试为"有业之必要"说出几条理由，或为"凡职业都是有趣味的"写几个事例。（可用互联网搜索）

（6）语言文字积累与思辨性表达。本文引用了很多的警句，比如"发愤忘食""饱食终日，无所用心，难矣哉"等；也原创了许多警句，比如"百行业为先，万恶懒为首""人类一面为生活而劳动，一面也是为劳动而生活"。请选用文中的警句（3个以上），结合我们在学业中怎样做到"敬"和"乐"这个论题，写一篇不少于500字的文章。

4. 知识迁移

请认真阅读《就英法联军远征中国致巴特勒上尉的信》《论教养》《精神的三间小屋》3篇课文，结合"议论文知识小卡片"和《敬业与乐业》的学习方法，完成下表。

课文	中心论点	分论点	论据	论证方法
《就英法联军远征中国致巴特勒上尉的信》				
《论教养》				
《精神的三间小屋》				

5. 读书明理

本单元所选文章，系中外贤达在人生、社会、教养等方面论述的精品。请选择其中的一位作者，结合自己的实际情况，从思想光芒的某个角度，和他（她）谈谈自己的理解和自我完善的打算。

"整本书阅读"学习任务群例谈

"整本书阅读"在《义务教育语文课程标准（2011年版）》里虽有涉及，但谈得不多，比如"提倡少做题，多读书，好读书，读好书，读整本的书"。而在《语文课程标准（2022）》里，"整本书阅读"则以"学习任务群"的方式呈现，有基本要求，有学习内容，有教学提示，还有"关于课内外读物的建议"等。这体现了国家对中小学生整本书阅读的重视程度。

一、课程标准解读

（一）基本要求：重在习惯养成，丰富精神世界

《语文课程标准（2022）》关于"整本书阅读"学习任务群的基本要求，包括两个方面。

一是学会选择图书，学会制订阅读计划。在笔者看来，中小学生首要的还是读好语文教材指定的相关书目，或按照教材指导去阅读相关书籍。

这里，我们不妨总体了解一下小学各年级"必读"那些图书。

表1　小学各年级语文教材指定阅读书目

年级	教材推荐书目
一年级上册	有趣的故事书、好看的图画书
一年级下册	童谣和儿歌
二年级上册	童话故事，比如《小鲤鱼跳龙门》《孤独的小螃蟹》等
二年级下册	儿童故事，比如《神笔马良》《七色花》《愿望的实现》等
三年级上册	《安徒生童话》《稻草人》《格林童话》
三年级下册	寓言故事，比如《中国古代寓言大全》《伊索寓言》等
四年级上册	中国神话故事，世界神话传说

（续表）

年级	教材推荐书目
四年级下册	《十万个为什么》
五年级上册	中国民间故事，世界民间故事
五年级下册	《西游记》《三国演义》《水浒传》《红楼梦》
六年级上册	《童年》《小英雄雨来》《爱的教育》
六年级下册	《鲁滨逊漂流记》《骑鹅旅行记》《汤姆·索亚历险记》等

各年级学生还可在教师的推荐、家长的陪伴、自己的兴趣等方面作用下，再购阅其他图书。学生本人可独自，或在家长的指导下，制订科学合理的阅读计划。阅读计划应包括阅读的书名、每天阅读的时长、整本书阅读所需的时间，甚至如何做好读书笔记等。

《语文课程标准（2022）》指出，学会综合运用多种方法阅读整本书。个人认为，方法千千万，最基本的方法首先是"不动笔墨不翻书"。有笔在手，可以随时随心适当地进行圈点勾画。这样做的好处，是把自己的阅读思维、阅读感悟、阅读动态，即时性地记录在案，并以此活跃思维、推进阅读。

二是学会分享阅读心得，养成良好阅读习惯。课标指出，借助多种方式分享阅读心得，这应当是建立在"读懂读通"的基础之上的，或者是在认真阅读后仍然"没读懂没读通"的，将个人的心得、感悟、疑惑拿来与大家分享。它一定不是浅尝辄止、装模作样的那种分享或提问。

《语文课程标准（2022）》指出，通过整本书阅读，提高学生的整体认知能力，丰富学生的精神世界。这同样是建立在认真阅读、广泛阅读的基础之上的。刘勰《文心雕龙》有云："操千曲而后晓声，观千剑而后识器。"无论是"晓声"，还是"识器"，它既强调要有一定的"量"做保证，同时还必须用"质"来做支撑。而"质"的获得，必须要以"用功"和"用心"来做保障。从阅读方法来看，我们通常所说的"圈点勾画"是一种好方法，但一个章节、整本书阅读完成之后，借助思维导图、写读后感等方式来梳理、探究，可以提高学生整体认知能力和欣赏能力，并进而丰富学生的心灵世界，提升学生的思想品位。

（二）学习内容：依据年龄特征，重视阅读分享

为了更便于阅读，笔者尝试按照《语文课程标准（2022）》，将"整本书

阅读"学习任务群的学习内容以表格的形式进行整理。详见表2。

表2 各学段整本书阅读的作品类别及要求

学段	作品类别	作品举例	阅读要求
第一学段	富有童趣的图画书	《团圆》《京剧脸谱》《大头儿子和小头爸爸》	体会读书的快乐
	优秀的儿歌集	《儿歌300首》	感受儿歌的韵味和童趣
	自己喜欢的童话书	《小巴掌童话》《小鲤鱼跳龙门》《小狗的小房子》	想象故事中的画面,学习讲述书中的故事
第二学段	表现英雄模范事迹的图书	《小英雄雨来》《雷锋的故事》	讲述英雄模范的动人故事。
	儿童文学名著	《稻草人》《爱的教育》	感受作品的真善美,用自己喜欢的方式讲述故事大意
	中国古今寓言、中国神话传说	《中国古代寓言大全》《中国神话故事集》	学习其中蕴含的中华智慧,口头或书面分享自己获得的启示
第三学段	反映革命传统的作品	《可爱的中国》《小兵张嘎》《闪闪的红星》	讲述自己感受到的家国情怀和爱国精神
	文学、科普、科幻等方面的优秀作品	《声律启蒙》《寄小读者》《十万个为什么》《中国历史上的科学发明》	学习梳理作品的基本内容,针对作品中感兴趣的话题展开交流
	梳理、反思小学阶段的阅读生活,运用口头或书面方式,与同学分享自己整本书阅读的经历、体会和阅读方法			
第四学段	革命文学作品	《革命烈士诗抄》《红岩》《红星照耀中国》	体会、评析革命领袖、革命英雄的爱国精神和人格魅力
	古今中外诗歌集、中长篇小说、散文集等文学名著	《朝花夕拾》《骆驼祥子》《艾青诗选》《西游记》《格列佛游记》	根据阅读进度完成读书笔记,针对作品的语言、形象、主题等方面的话题展开研讨
	开展多样的读书活动,丰富、拓展名著阅读。借助多种媒介讲述、推荐自己喜欢的名著,说明推荐理由;尝试改编名著中的精彩片段;结合自己的阅读体会,尝试撰写文学鉴赏文章			

从表2可以看到，《语文课程标准（2022）》在作品选择和阅读要求上，都遵循了儿童的身心成长规律。

作品选择方面，第一学段，主要是阅读富有童趣的图画书、优秀的儿歌集、自己喜欢的童话书；第二学段，则阅读表现英雄模范事迹的图书，阅读儿童文学名著，阅读中国古今寓言、中国神话传说等，就这样，由浅入深，由图画书到文学、科普、科幻、中长篇小说。

相应地，在阅读要求方面，从"体会读书的快乐""感受儿歌的韵味和乐趣"，到读完后能"讲述""梳理""交流""评析""研讨"。在六年级还需要开展梳理、反思小学阶段的阅读生活，并与同学分享；到了初中，需要开展多样的读书活动，包括推荐、改编、鉴赏等。

（三）教学建议：课内课外统筹，自主阅读为主

《语文课程标准（2022）》上关于整本书阅读的教学建议说得很具体。这里，笔者只结合自己的教学实践，就某些"点"上谈谈个人的看法。

时间安排：统筹课内外

当前，中小学，特别是初中阶段，整本书阅读最难保证的就是时间。与之前人教版教材相比，初中语文课时不变，但课文篇数减少了五分之一。完成课文教学后，"多余"的时间，许多学校、许多教师主要用来"刷题"。而课外时间（包括周末），学生课业负担依旧沉重，一些没有阅读习惯的学生（特别是农村学生），更是难以将时间用在整本书阅读上。在这种情况下，最好能保证每周有两节课的时间用于名著阅读。其中，一节课用作教师点拨和学生交流，一节课用作学生独立阅读。也可以将一个学期的阅读课进行相应的集中，课内为主，课外为辅，周而复始，久久为功。只有这样"自由阅读、快乐分享"的阅读氛围才可能形成，否则只会是一种理想状态。

活动组织：建立共同体

建立阅读共同体，从"人"的角度来说，包括师生阅读共同体、家校阅读共同体、班级阅读共同体等；从"事"的角度来说，也就是从开展阅读活动的角度来说，包括朗诵会、故事会、荐书会、分享会、表演会等。无论是哪个角度，教师阅读尤为关键。没有教师阅读，如何有效导读？没有教师阅读，如何带动学生？语文教师不读书的问题，始终客观存在，而且普遍存在。

在阅读方法上，除了我们通常所说的"不动笔墨不翻书"之外，还应当重视序言、目录，以及一些书的插图等。

资源利用：借助信息化

《语文课程标准（2022）》提示，合理推荐和利用适宜的学习资源，以丰富学生的阅读体验，拓宽学生的阅读视野。在这个信息时代，借助信息技术，既可拓展学习空间，又能丰富课程资源，增强学生的感性认识。

比如，笔者在导读《朝花夕拾》这本著作时，引用了从网络获取的短视频《没文化真可怕》："鲁迅不是姓鲁吗？""你让我抓鲁迅，但他是周树人呀！"听到这些对话，学生们一个个忍俊不禁。课堂教学在这种欢乐的气氛中拉开了帷幕。关于鲁迅先生的生平，笔者剪辑了一些视频，结合文字资料，比较全面地介绍了先生的一生，以及人们对他的崇敬和爱戴。这样，学生在阅读《朝花夕拾》时，便能更加深刻地体会到作者当时的心灵世界和文章的思想精华。

再比如，导读《哈利·波特与死亡圣器》时，笔者从网络寻觅、下载了一个十分钟的视频。该视频非常简洁地介绍了《哈利·波特》系列作品。这样，学生便相对减少了因没有阅读过这个系列作品的前六部而带来的生疏感和突兀感。

教学评价：考查全过程

教师可以从阅读态度、阅读进度、阅读方法、读书笔记等维度进行评价，引导学生根据以下"阅读反思单"自我评价、自我改进。

表3　阅读反思单

评价维度	反思内容	自我评价
阅读态度	兴趣浓厚，态度积极，阅读主动，乐于分享	★★★
阅读进度	能按照要求在规定时间内完成阅读任务	★★★
阅读方法	圈点勾画相伴，勤于探究整体、局部之间的关系	★★★
读书笔记	能抓住书中要点，结合生活实际，写好读书笔记	★★★
总体自评		

二、整本书阅读例谈

（一）绘本《团圆》导读

导读例谈：一册绘本的阅读

《团圆》是一册由余丽琼撰文、朱成梁绘图的绘本。如何读好一册绘本，个人认为，不妨从以下5个方面着手。

一是看一看。看书名，看封面，看封底，看人物（衣着、动作、神态等），看物件，看氛围等。

书名"团圆"，最简单的两个字，却代表着亿万中国人最朴素的向往。"有钱没钱，回家过年"，家人团圆，在中国几千年农耕文化的传承中，形成了一种无以替代的独特内涵。封面中，一家三口幸福地睡在一张床上，爸爸的手臂上枕着女儿和妈妈，爸爸、妈妈的眼神都聚焦在女儿的脸蛋上，其乐融融，幸福满满。

版权页中有一幅日历，上面标注着"除夕"字样，这也是在提醒读者，这将是一个团圆的日子。但团圆之后，又将迎来分别。

一只小白狗，多次呈现在画面上。读者不应忽视它。毛毛和小白，一起在家门口迎接爸爸，一起看着妈妈穿着爸爸买回的新棉袄，一起看着爸爸贴对联，一起到屋顶去看风景，一起找硬币，硬币失而复得后又一起兴奋……小白是毛毛最亲密的伙伴，甚至成为毛毛生活中的一部分。这是为什么呢？因为在独生子女家庭里，爸爸常年外出务工，孤独便不可避免。此时，只有猫猫、狗狗能给幼小的心灵带来欢欣和慰藉。

二是比一比。一册绘本，便是一部小电影。随着剧情的发展，人物的神情也随之变化。这里所说的"比一比"，实际上仍是延续着上面的"看一看"。

妈妈在对镜梳妆时，毛毛在一旁天真活泼；爸爸、妈妈提着大包小包回家时，毛毛和小白在一起静心凝望；爸爸要用长满胡须的嘴巴去亲毛毛时，毛毛吓得大哭；爸爸理发时，毛毛在一旁安静等待；当咬到包在汤圆里的硬币时，毛毛高兴得合不拢嘴；爸爸在做家务，看到毛毛端来一杯热水时，满脸都是满足的模样……大概也只有通过这样的看一看、比一比，读者才可能从画面走近人物,并读懂人物的心灵世界,读懂作者(撰文、绘画)的良苦用心。大概也只有通过这样的比一比,才能不断培养小读者的专注力、观察力和想象力。

三是读一读。 如果孩子识字太少,这个任务当然就得由大人们(比如老师、家长)来完成;如果孩子能基本认识书中的文字,则尽可能地让孩子自己来朗读。好在书中的文字都是常用字,二年级的孩子阅读起来应该没问题。

正确、流利、有感情,是朗读的三个基本要求。因此,朗读时,无论是大人的范读、带读,还是孩子的独立朗读,都应当不断培养良好的朗读习惯。吐字清晰,音量适中,停顿适当,语气恰当,抑扬顿挫,力求每一次朗读都有一种潜移默化的进步。

四是讲一讲。 一些家长感觉到了"读一读"环节便完成了这本绘本的阅读任务。其实,此时绘本的价值还没有完全挖掘出来,或者说,孩子从这本绘本的阅读中并没有获得足够的养料。如果此时安排孩子来讲一讲这册绘本的故事,则对孩子的整体把握能力、口头表达能力,甚至是想象能力,都是一种不错的训练和提升。

讲一讲,其实就是复述。复述故事要尽可能口语化,不要苛求他们去背诵。要求背诵,对于孩子相关能力的培养并没有好处。当然,如果孩子复述时遇到困难,大人可以适当地进行提示,但不要干预过多,更不要越俎代庖。

五是问一问。 在"看一看""比一比"等环节完成后,其实也少不了"问一问"。这些都是一种随机的问答,旨在让孩子更好地理解绘本内容。

这里,个人认为,在完成上述 4 个环节后,不妨再进行一些拓展性的问答。比如,我们可以这样设问:

"当爸爸刚回来时,你会对爸爸说些什么?"

"如果你没吃到汤圆里的硬币,心里会怎么想?"

"如果丢失的那枚硬币最后没找到,你会怎么办?"

"爸爸过完三天年,又要出远门,你想跟爸爸或妈妈说些什么?"

……

这样的问答，可以培养孩子的逆向思维能力、发散性思维能力，还能培养孩子的情商，也就是能够正确地面对生活中一些不太顺心的事情。

需要说明的是，对于上面的 5 个环节，不要生搬硬套，不要过于复杂，我们这些"陪读者"可以将它进行兼容、进行调整。简单地说，行云流水，自然而然，便是最理想的状态。

（二）整本书阅读个性化攻略

2017 年秋季，笔者开始从事名著阅读的教学和研究，用"陪你读名著"的方式尝试了一些导读实践，并逐渐形成了"统编本·初中卷"36 本名著的个性化导读攻略，正如温儒敏教授提出的"一书一法"（详见笔者《特级教师陪你读名著》一书）。下面以朱自清的《经典常谈》一书为例，略谈阅读攻略。

见森林见情怀，见树木见智慧
——"问题驱动"导读《经典常谈》

2023 年春季，统编本语文教材八年级下册"名著导读"换上了《经典常谈》。个中缘由，有不同的解读。笔者认为，最重要的一点，应当是编者希望《经典常谈》一书能让新时代中学生更好地了解中华传统文化经典、增强中华文化自信。

中华优秀传统文化是中华民族的根和魂。中小学生要茁壮成长，要发展核心素养，首先是要有文化自信和文化自觉。在中华优秀传统文化中浸润和生长的少年儿童，将更可能成为有理想、有本领、有担当的一代新人。

朱自清的《经典常谈》便是特意为中学生撰写的一部介绍我国经典古籍和传统文化的著作。虽然跨越了一定的时空，但它依然闪耀着思想的光辉，彰显着经典的光芒。

我们也应当清醒地看到，当下初中学生对于我国经典古籍和传统文化了解得并不多，虽说该书朴实无华、轻盈生动，但要读懂读好此书，仍有较大的困难。下面，笔者将从"见森林见情怀""见树木见智慧"两方面，谈谈个人关于《经典常谈》整本书阅读的一些建议。

见森林见情怀

《经典常谈》一书，由朱自清写于 1938 至 1942 年间。当时作者正在西南联大任教。该书包括《序》与《〈说文解字〉第一》等13篇介绍中华传统文化经典的文章。初读此书时,笔者认为,读者一定要心无旁骛地"细读",并尽可能地梳理段意文意、把握写作思路。这里,可采用概述内容、画出思维导图的阅读方法,从"大处"着手,正所谓"见森林"。

问题驱动 1. 请根据各自阅读兴趣,选择《经典常谈》中的部分文章,用概述内容或画出思维导图的方式,整体把握各篇内容。

例1.《〈说文解字〉第一》概述。

本文从"仓颉造字说"谈到文字的起源,进而讲到东汉许慎的《说文解字》,重点介绍了文字发展与"六书",以及书体的演变过程。

例2.《文第十三》概述。

本文可称作中国古文的微型文学史。作者认为,商代的卜辞是现存最早的文;《尚书》发展了叙述文,开源了议论文。

至少从周代开始,便有了讼辞;春秋时代的郑子产,是个善于辞命的人,孔子很注意辞命;大概因为辞命的重要,便促进了议论文的发展。孔子开私人讲学之先河,《论语》成为第一部私家著作。

战国时代,游说之风大盛,诸子百家之学说(如《墨子》《老子》《庄子》等)纷纷扬扬,而直至《吕氏春秋》的出现,我国才有了第一部有系统的书。西汉时期刘安主编《淮南子》,从而开启了"逻辑的秩序"。《春秋左氏传》的诞生,标志着记事文也有了长足的进步。而司马迁的《史记》,成为第一部有自己的系统的史书。

汉武帝时,盛行汉赋。梁昭明太子在《文选》里,首次提出"文"的标准,成了骈体发展的指路碑。而南北朝又发展了两种新文体,即佛典的翻译、群经的义疏。

唐初,陈子昂提倡改革文体;直至唐中叶,韩愈开宗派,以变古为复古,创造新语,力求以"散句"换"骈句",以"气"为标准,而成"散文"。柳宗元在"散文"中创造了描写景物的"新语"。

"唐宋八大家"中除韩柳之外,另六家均为宋人,欧阳修为首,乃当时文坛盟主。欧阳修的文章主张"自然",最以言情见长。苏轼才气纵横,随物赋形,意到笔随。唐代又发展了"语录""传奇"两种新文体,都受佛家的影响。到了宋代，又有了"话本"，这便是后来不断演变而成的白话小说。然而，话本留存至今的已很少，但《三国志演义》《水浒传》《西游记》，特别是《红楼梦》的出世，标志着长篇章回小说已至巅峰。

宋代定经义为考试科目，元明两代承袭宋代，以八股文取士，因而明清两代古文大家几乎无一不是八股文出身。清代中叶，古文有一桐城派，开山祖师为方苞，而姚鼐集其大成。桐城派提倡"义法雅洁"，姚鼐主张"义理、考据、词章"三者融合。后来，曾国藩中兴了桐城派。至清末，梁启超的"新文体"可算是登峰造极。

至胡适之提倡白话文，经过"五四运动"，白话文畅行，回到古代"言文合一"之路，但其时已是白话文的现代化了。

作者在《序》中说，"经典训练的价值不在实用，而在文化"，并希望读者能把它当作一只船，航行到经典的海洋去。这里的经典，指的便是我们常说的"经史子集"，当然还包括《说文解字》。

问题驱动2. 把读者特别是把中小学生引向"文化经典"，这是作者的一种情怀。那么，作者是如何做的呢？请结合具体内容，谈谈你的看法。

例3. 神话传说，引人入胜。

比如《〈说文解字〉第一》里，开篇引用了仓颉造字的传说，而且把仓颉写得活灵活现，说他有四只眼睛，看见地上的兽蹄、鸟爪等痕迹便有了灵感，从而造起文字来。为了让读者能读进文章，作者还把"天雨粟，鬼夜哭"解释得非常的大白话。

再比如《〈周易〉第二》里，关于伏羲氏画八卦这个传说，作者是这样写的："那时候有匹龙马从黄河里出来，背着一幅图，上面便是八卦，伏羲只照着描下来罢了。"读着这样的文字，我们可体会到作者的用心良苦、情怀满满。

例4. 传统文化，信手拈来。

还是关于八卦。作者这样解释道："八卦的基础便是一二三的数目。整画的'一'是一；断画'- -'是二；三画叠而成卦是三。"于是，便可以配出八个"乾、兑、离、震、艮、巽、坎、坤"八卦。并由此生发出"万象的分类"，比如"坤是天，是父等；坤是地，是母等……兑是泽，是少女等"。

例 5. 去繁就简，提纲挈领。

中华文化，源远流长。文化经典，博大精深。要在短短的篇幅中，把某一经典或某一类别讲述清楚，尤见质朴情怀和裁剪功力。

比如《诸子第十》一文，字数大约五千，然而"诸子百家"所涉及的历史背景、各家思想、人物著作，可谓是汗牛充栋。作者从中选取了富有代表性的儒家、道家、法家、墨家等派别的孔子、孟子、荀子、杨朱、老子、庄子、韩非子、墨子等"名士"进行简要解说。虽说是高屋建瓴、简明扼要，但同一"家"的不同"名士"，其思想异同，作者也交代得一清二楚。

而作为"中国微型文学史"的《文第十三》，作者的去繁就简功夫更是驾轻就熟。前面已作说明，这里不再重复。

本书中有一些"名词术语"，会给读者带来一定的阅读障碍。这需要我们借助工具书或互联网，及时地释疑解惑。

问题驱动 3. 请通过查阅工具书或借助互联网的搜索引擎，说说自己对《〈说文解字〉第一》中的"字书""小学"、《〈周易〉第二》中的"观象制器"、《〈春秋三传〉第六》中的"书法"等词语的理解。

例 6. 小学。

古义中，"小学"一是指由官方建立的初级学校，8 岁—15 岁的贵族子弟能上，学的是"礼乐射御书数"等"六艺"；二是指传统的语言文字学，包括文字学、音韵学和训诂学。汉代把文字学称为小学，因为儿童入小学先学习文字。

例 7. 观象制器。

《系辞传》里介绍了古圣人"观象制器"的一些事迹，比如神农取《益》象制作耒耜，黄帝、尧、舜取《干》《坤》象制作衣裳，取《涣》象制成舟船，等等。通俗地说，就是圣人根据能感受到的事物或现象，并经过经验的累积，制成生产劳动工具。

见树木见智慧

前文也讲过，由于八年级学生对中华传统文化了解不多，而大多数学生习惯于阅读记叙文，加上本书很多语言概括性、跳跃性很强，这样会让一些学生阅读时"只见森林，不见树木"。

因此，笔者认为，我们很有必要从"文化"的角度作些补充。这样，学生便可以"既看森林，亦看树木"，更切实地理解《经典常谈》，更实在地感受到中华传统文化的魅力。

问题驱动4. 请选择自己喜欢的篇目，通过互联网搜索引擎，就相关篇目补充具体内容，更好地为"我为大家介绍经典"活动服务。

例8.《〈说文解字〉第一》，可补充一些象形字、会意字、指事字、形声字。比如：

汉字可象形，如"日""月""火""田"；

汉字可指事，如"一""二""上""下"；

汉字能会意，"人言为信""日月为明""止戈为武""羔美为羹"；

汉字表形声（义），"有水把茶泡，有饭能吃饱，有手轻轻抱，有足快快跑，有衣穿长袍，有火放鞭炮"，"天雨粟，鬼夜哭"。

例9.《〈尚书〉第三》，可补充书名的含义、该书的内容、该书的作用等。

①唐代孔颖达这样解释书名："尚者，上也。言此上代以来之书，故曰《尚书》。"

②《荀子》认为，《尚书》基本上是一部政事书："《书》者，政事之纪也。"

③《尚书》保留了我国典籍中十分罕见的关于氏族民主的记述，如帝尧"将逊于位，让于虞舜"，而舜"让于德，弗嗣"。这种"尧舜禅让""大公无私"的传说，成为后世追慕的高标。

④《尚书》贯穿着"天命"的思想，如"天其永我命"，强调"以德配天""敬德事天"，主张"明德慎罚"，构成中国传统政治哲学的主流，开启民本思想先河。

⑤《尚书》首创统一思想。如《尧典》《舜典》记述尧、舜巡视四岳四方，划一历法、音律和度量衡；《禹贡》以大禹治水为导引，依自然地理和经济地理划分九州，显示了统一的国家区划思想。

⑥《尚书》若干哲学思想垂之久远。尤其是《洪范》的"五行观"奠定

了中国传统宇宙论及社会思想的基石。[①]

例10.《〈诗经〉第四》,可补充《诗经》的文化价值和教化功能等。

(1) 文化价值:从内容到形式,《诗经》均为首创性的文学杰作。比如:

①宴饮诗:"呦呦鹿鸣,食野之苹。我有嘉宾,鼓瑟吹笙。"(《小雅·鹿鸣》)

②农事诗:"七月流火,九月授衣……无衣无褐,何以卒岁?"(《豳[bīn]风·七月》)

③战争诗:"昔我往矣,杨柳依依……我心伤悲,莫知我哀!"《小雅·采薇》

④爱情诗:"关关雎鸠,在河之洲。窈窕淑女,君子好逑。"(《国风·周南·关雎》)

在艺术风格上,其内容与形式相统一,可谓是"尽善尽美""文质彬彬",其格调"乐而不淫,哀而不悲",铸造了中国文学艺术特有的风骨。

(2) 教化功能:《诗经》是古中国的首席政治、伦理教材,担负着教化万民的任务。子曰:"诗,可以兴,可以观,可以群,可以怨""诗三百,一言蔽之,思无邪"。比如:

①孝道:"父兮生我,母兮鞠我。……欲报之德。昊天罔极!"(《小雅·蓼莪[lù'é]》)

②感恩:"投我以木桃,报之以琼瑶。匪报也,永以为好也。"(《国风·卫风·木瓜》)

③修养:"瞻彼淇奥(yù),绿竹猗猗。有匪君子,如切如磋,如琢如磨。"(《国风·卫风》)

例11.《〈战国策〉第八》,可补充战国策士的游说名言和成语故事。

"一言之辩,强于九鼎之言;三寸之舌,胜过百万之兵。"这就是战国策士的游说、辩论艺术。比如:

① "士为知己者死,女为悦己者容。"(《赵一·晋毕阳之孙豫让》)

② "兔而顾犬,未为晚也;亡羊而补牢,未为迟也。"(《楚四·庄辛谓

[①] 冯天谕. 中华元典精神 [M]. 上海:上海人民出版社,2014.

楚襄王》）

③"前事之不忘，后事之师。"（《赵一·张孟谈既固赵宗》）

成语故事：返璞归真、不遗余力、布衣之交、刺股悬梁、得寸进尺、狐假虎威、挥汗如雨、画蛇添足、门庭若市、两虎相斗、南辕北辙、三人成虎、图穷匕见、亡羊补牢、渔人得利、甘苦与共……

例12.《诗第十二》，可根据文中提及的诗人，补充汉乐府、五言诗、近体诗等有代表性的诗文。比如：

汉乐府：《陌上桑》（日出东南隅）、《古诗十九首·之十》（迢迢牵牛星）；

五言诗：曹植《君子行》（君子防未然）、阮籍《咏怀八十二首·其一》（夜中不能寐）、陶渊明《归园田居·其三》（种豆南山下）、谢灵运《登江中孤屿》（江南倦历览）、陈子昂《送客》（故人洞庭去）；

近体诗：李白《登金陵凤凰台》（凤凰台上凤凰游）、杜甫《登高》（风急天高猿啸哀）、苏轼《和子由渑池怀旧》（人生到处知何似）、陆游《游山西村》（莫笑农家腊酒浑）。

例13.《文第十三》，可根据文中提及的唐代以来的作者（唐代以前，在前面相关文章中均已涉猎），补充其有代表性文章的片段。比如：

①韩愈《出师表》："古之学者必有师……闻道有先后，术业有专攻，如是而已。"（摘录，下同）

②柳宗元《始得西山宴游记》："悠悠乎与颢气俱，而莫得其涯……然后知吾向之未始游，游于是乎始。"

③欧阳修《醉翁亭记》："然而禽鸟知山林之乐……庐陵欧阳修也。"

④苏轼《承天寺夜游》："庭下如积水空明……但少闲人如吾两人者耳。"

问题驱动 5. 作者在《序》中说："各篇的讨论，尽量采择近人新说；这中间并无编者自己的创见，编撰者的工作只是编撰罢了。"果真如此吗？我们又可从中获得哪些启示？请选择具体篇目，围绕上述问题进行阐释。（阐释略）

最后想说的是，在实际导读时，教师不可能完全按照"先见森林后见树木"的顺序演绎，而应当是胸有成竹地顺势推进。

"跨学科学习"学习任务群例谈

"跨学科学习"学习任务群是《语文课程标准（2022）》的又一创意。这种创意体现在，它立足语文、跨越学科、指向生活、面向未来。在这个基础上，语文课程将更有利于培养学生的正确价值观、必备品格和关键能力，培养有理想、有本领、有担当的时代新人。

一、课程标准解读

（一）设置理由：强化课程协同育人，全面发展核心素养

"跨学科学习"这个学习任务群的设置，乃是由《课程方案（2022）》和语文课程性质、语文课程目标所决定的。

《课程方案（2022）》提出，课程标准优化了课程内容结构："设立跨学科主题学习活动，加强学科间相互关联，带动课程综合化实施，强化实践性要求。"

《课程方案（2022）》要求，加强课程综合，注重关联："加强课程内容与学生经验、社会生活的联系，强化学科内知识整合，统筹设计综合课程和跨学科主题学习"，"开展跨学科主题教学，强化课程协同育人功能"。

《课程方案（2022）》强调，变革育人方式，突出实践："突出学科思想方法和探究方式的学习，加强知行合一、学思结合，倡导'做中学''用中学''创中学'。"

从语文课程性质来看，综合性、实践性是语文课程的基本性质。注重课程内容与生活、与其他学科的联系，这是为了充分发挥语文课程的育人功能，发展学生的核心素养。

在语文课标的"总目标"中，关于"跨学科学习"至少有三点：

一是关于社会责任的培养。"关心社会文化生活，积极参与和组织校园、社区等文化活动，发展交流、合作、探究等实践能力，增强社会责任意识。"（总目标3）

二是关于思维能力的培养。"积极观察、感知生活，发展联想和想象，激发创造潜能，丰富语言经验，培养语言直觉，提高语言表现力和创造力，提高形象思维能力。"（总目标6）

三是关于审美情趣的培养。"能借助不同媒介表达自己的见闻和感受，学习发现美、表现美和创造美，形成健康的审美情趣。"（总目标9）

总之，设置"跨学科学习"学习任务群，是为引领学生明确人生发展方向，是为培养学生"学会求知、学会做事、学会生存、学会共处"的能力，是为全面发展学生的核心素养所服务。

（二）基本要求：拓宽学习运用领域，提高语言运用能力

《语文课程标准（2022）》关于"跨学科学习"学习任务群的基本要求有两点。

一是要拓宽语文学习和运用领域。课堂内外、学校内外，都可以进行语文实践活动。这一点，我们应当向古人学习。比如，古时的对对子、题诗句、写文章、作演讲等，大多打破了课堂和学校的空间限制。

二是要在"跨学科学习"中提高语言文字运用能力。也就是说，要在不限于语文学科的学习中，比如数理化、政史地生、体音美劳等；要在学校、家庭的社会生活中，比如社区办的节日庆典、参观物质文化遗产等，围绕一些有意义的话题，开展有目的有方向的阅读、梳理、探究、交流等活动。其目的是"在综合运用多学科知识发现问题、分析问题、解决问题的过程中，提高语言文字运用能力"。显然，这一点对于当下的语文课程有较大的挑战性。

（三）学习内容：依托教材关联内容，拓展语文学用渠道

这里，笔者将各学段的学习内容（包括与教材相关联的课文、习作、口语交际、综合性学习等）用表格的方式略作梳理。（以第三、四学段为例）

表1　第三学段的学习内容

途径与方法	主题与目标	教材关联举例
积极参加校园文化社团，参与学校和社区举办的戏曲、书法、篆刻、绘画、刺绣、泥塑、民乐等相关文化活动	体验、感知、传承中华优秀传统文化，运用多种形式分享自己的经验与感受	五下《综合性学习：遨游汉字王国》《习作：漫画的启示》，六上《京剧趣谈》《口语交际：聊聊书法》，六下《习作：家乡的风俗》《竹石》
综合运用语文、道德与法治、科学、劳动等多方面的知识和技能，通过小组研讨	集体策划、设计参观考察活动方案，运用跨媒介形式分享研学成果	五上《己亥杂诗》《圆明园的毁灭》，五下《口语交际：怎么表演课本剧》《口语交际：我是小小讲解员》《习作：中国的世界文化遗产》，六上《七律·长征》《开国大典》《故宫博物院》，六下《为人民服务》
选取衣食住行、学校、地球、太空等某个方面，设计人工智能时代的未来生活	运用多样形式丰富自己的语言表达，呈现与分享奇思妙想	五上《牛郎织女》《习作：二十年后的家乡》，五下《习作：神奇的探险之旅》，六上《只有一个地球》，六下《习作：插上科学的翅膀飞》

表2　第四学段的学习内容

途径与方法	主题与目标	教材关联举例
结合数学、物理、化学、生物学等学科学习，或者自己参与的科技活动	围绕理科学习，学习撰写并分享观察、实验研究报告	七上《动物笑谈》，八上《美丽的颜色》《蝉》《名著导读：昆虫记》，八下《大自然的语言》《恐龙无处不有》《被压扁的沙子》《综合性学习：倡导低碳生活》，九上《怀疑与学问》《谈创造性思维》
在心理健康、身体素质等方面，选择师生共同关心的问题，组织小课题组，开展校园调查	围绕身心健康，学习设计问卷、访谈、统计、分析，撰写并发布调查报告	七上《秋天的怀念》《走一步，再走一步》，七下《最苦与最乐》《假如生活欺骗了你》，八下《名著导读：钢铁是怎样炼成的》，九上《论教养》《精神的三间小屋》《孤独之旅》
在环境、安全、人口、资源、公共卫生等方面，选择感兴趣的社会热点问题，查找和阅读相关资料	围绕环境、安全等热点问题，记录重要内容，列出发言提纲，参加班级讨论	七上《植树的牧羊人》，七下《太空一日》，八上《综合性学习：我们的互联网时代》《综合性学习：身边的文化遗产》，八下《大雁归来》《在长江源头各拉丹冬》

（续表）

途径与方法	主题与目标	教材关联举例
围绕仁爱诚信、天下为公、和谐包容、精忠报国、英勇奋斗、自强不息、明礼守法，以及科学理性、艺术精神等	围绕中华优秀传统文化以及科学理性、艺术精神等，选择专题，组建小组，开展学习与研究，运用多种形式分享学习与研究成果	七上《综合性学习：有朋自远方来》，七下《邓稼先》《说和做——记闻一多先生言行片段》《黄河颂》《木兰诗》，八上《白杨礼赞》《富贵不能淫》《生于忧患，死于安乐》，八下《应有格物致知精神》《我一生中的重要抉择》《大道之行也》，九上《创造宣言》，九下《山水画的意境》《无言之美》《驱遣我们的想象》
组建文学艺术社团，开展相关文化活动，参与社区文化活动与文化建设	围绕文化活动，在参与过程中写出策划方案，制作海报，记录活动过程，运用多种媒介发布学习成果	七上《综合性学习：少年正是读书时》《综合性学习：少年部落》，七下《综合性学习：我的语文生活》，八下《综合性学习：古诗苑漫步》，九上《综合性学习：走进小说天地》，九下第五单元《活动·探究》（任务二，准备与排练；任务三，演出与评议）

（四）教学提示：把握活动周期难度，充分利用本地资源

《语文课程标准（2022）》关于"跨学科学习"学习任务群，主要谈了四点。这里，笔者结合个人理解，就其中的一些要点稍作阐释。

一是要遵循儿童成长规律，把握活动周期和难度

第一学段，可结合教材关联内容，开展"文明借阅图书""我爱我的小绿植（小动物）""感受××节日"等"跨学科学习"，学习方式以观察、记录为主。

第二学段，可开展"我身边的科技"故事会、"家乡的文化遗产"介绍会、"校园卫生调查报告"等学习、展示活动，学习方式包括观察、记录、演讲、写研究报告等。

第三学段，可开展"多才多艺的我""遵纪守法的我""人工智能时代的我"等学习、展示活动，学习方式包括体验、感知、策划、设计、写研究报告等。

第四学段，可开展"我爱科学""做一个身心健康的阳光少年""我是环保小卫士""中华文化代代传"等学习、展示活动，学习方式包括观察、访谈、设计、参与、调研、展示等。

活动周期可根据年级和内容，从一两天到一两周不等。但总体来说，随着年级的升高，活动周期由短到长，活动难度由低到高。

二是要体现语文课程特点，引导学生在真实的生活情境中学用语文

每一份出色的调查报告、研究报告的形成，每一次成功的分享会、发布会的完成，都是每个队员出谋划策、实践创新的努力结果，更是整个团队精诚团结、分工协作的智慧结晶。

比如"人工智能时代的我"这个"跨学科学习"任务群，可"选择一个主题"，比如如何改进我们的衣食住行；"立足几个角度"，比如人工智能时代的衣着、人工智能时代的吃喝、人工智能时代的住宿、人工智能时代的行旅、人工智能时代的交往等；"介绍相关设想"，小组成员各自分工，围绕某个角度去回顾、去搜索、去畅想、去设计；"共谋一个未来"，小组成员各自汇报，小组内部讨论完善，然后一起谋划，在已经到来或即将到来的人工智能时代，我们该如何提升自我、如何适应未来。

通过这种方式，培养学生"跨学科学习""跨学科创意"的能力。需要注意的是，开展此类学习活动，要紧扣"语文"课程特点，也就是要引导学生不断丰富和改善语言表达，并努力呈现与分享奇思妙想。

三是充分利用本土资源，为学生开展"跨学科学习"提供物质保障

人们常说："巧妇难为无米之炊。"但只要我们解放思想，开动脑筋，每一所学校、每一个地方都有比较适合的"跨学科学习"资源可用。学校的草木、图书室、实验室，本地的博物馆、科技馆、旅游景点、文化场馆、湿地保护区、非物质文化遗产、姓氏宗祠等，都可以"为我所用"。

正所谓，世界不是缺少美，而是缺少一双发现美的眼睛。同时，每个家庭（包括家庭成员）都可以协助学校开展"跨学科学习"。

四是重视过程性评价，关注思考问题、解决问题的态度和能力

"跨学科学习"评价几乎是一件仁者见仁、智者见智的事情。这主要是由于这种学习任务群的参与人员齐、涉及学科多、跨越周期长、呈现方式新、评价维度广等。因此，过程性评价、鼓励性评价、团体性评价尤为重要。评价人员可以采用小组互评的方式，也可邀请相关学科教师、家长、社会人士来参与评价。评价量表不妨参照表3。

表3 "跨学科学习"评价量表

评价维度	指标描述	评价星级
整体参与	学习小组内所有人员都参与了项目学习，态度积极	★★★★★
分工合作	小组内有明确分工，组员之间配合积极、相互合作	★★★★★
知识运用	能比较合理地运用相关学科知识，能将知识讲述清楚	★★★★★
作品完整	作品（方案、海报等）能按时完成，能完整呈现出来	★★★★★
价值创意	作品具有解决问题的实际价值，有一定的创意、美感	★★★★★

二、"跨学科学习"创意设计（以《海底两万里》为例）

背景描述：《海底两万里》是七年级下册必读名著。在学生完成小说情节梳理、人物形象概括、作品主题探究之后，笔者认为，该书饱含地理学、生物学等学科知识，如能恰当利用，可作为提升学生"跨学科学习"能力的一个好素材。笔者反复研读文本，查阅相关资料，创意设计了下面这个跨学科学习项目。

项目名称：《海底两万里》里的"科学探究"

思维支架：（1）列举几个科幻故事。（2）探究作品中的"地理意义"。比如，"海底两万里"究竟有多远；描绘诺第留斯号出现的位置简图；发现书中的时间问题等。（3）举例说明作品中的"生物学意义"。

成果呈现：各小组分工合作，共同完成一份阅读报告。

学习时间：一周。

下面，笔者将本人的部分学习成果呈现如下。

（一）列举科幻故事

作者儒勒·凡尔纳（1828—1905）是19世纪人。但在19世纪，潜水艇尚未问世，可作者笔下的潜水艇与今天现实中的潜水艇几乎没有差异。难怪有人曾这样评价凡尔纳以及《海底两万里》："凡尔纳的目的在于概括现代科学积累的有关地理、地质、物理、天文的全部知识，以他特有的迷人的方式，重新讲述历史。"下面，我们一起来看看书中的几处科幻叙事。

1. 用大海本身来供给生产电力的原料

"这个问题是这样的,"尼摩艇长答道,"首先,我想告诉您,海洋下面有锌矿、铁矿、银矿、金矿,开采起来并不难。因此,我并不需要向陆地索取这些金属,我可以向大海去要发电的原材料。"

"向大海要?"

"是呀,教授先生。我有的是办法。譬如,我可以将放在不同深度的海水中的金属线连接成电路,金属线因感受到不同的温度便可以产生出电来,不过,我更喜欢采用一套更加方便实用的办法。"

"什么办法?"

"您是了解海水的成分的。一千克海水含有百分之九十六点五的水、百分之二点七不到的氯化钠,另外还有少量的氯化镁、氯化钾、溴化钠、硫酸钠、硫酸盐、碳酸盐什么的。因此,您看得出来,海水中所含的氯化钠的比重很大,而我从海水中提取的正是氯化钠,我就是用它来制造我所需要的物质。"(第一部分 第十二章《一切都用电》)

在这几段对话中,尼摩解释了"一切都靠电,电从何处来"的疑问。他所采用的方法,完全依赖于他的科学素养。我们一方面敬佩尼摩的科学探索,另一方面则可在阅读此书的同时,也感受和学习作者的科学精神。这正是《海底两万里》的魅力所在:科学与幻想的完美结合。

2. "走进这人类从没有到过的最深处来!"

我们下到了一万六千米的深度,也就是四法里的深处,此时,鹦鹉螺号艇侧所承受的压力为一千六百个大气压,也就是说,艇体表面每平方厘米所受到的压力为一千六百公斤!(第二部分 第十一章《马尾藻海》)

作者的想象,真够大胆!"走进这人类从没有到过的最深处来!"潜水艇沉到16000米!中国的"奋斗者"号目前下潜最深达到10909米。排在世界第一的,是美国"的里雅斯特"号,最深下潜10916米。16000米,也许是人类挑战海底的一个极限深度，但也许在不久的将来，有人一不小心就实现了凡尔纳的科学幻想呢！

（二）探究作品中的地理意义

《海底两万里》一书中所蕴含的地理意义非常丰富，这一方面体现了作者非凡的地理想象力，另一方面也体现了作者著述的严谨性。从"地理意义"这个角度出发，我们阅读起来将会有许多意外收获。

1. "海底两万里"究竟有多远

"海底两万里"的"里"全称为古法里（Lieue），而古法里分为古陆里和古海里。1古陆里大约等于4.445公里，1古海里大约等于5.556公里。因此，海底两万里，大约等于11万公里。

诺第留斯号的航行轨迹，从太平洋到印度洋再到大西洋，到底有多远，凡尔纳所在的年代自然无法知晓，书名"海底两万里"实际上是凡尔纳的一种空间距离想象力的表现。

2. 书中的时间问题

（1）第二部分第十一章《马尾藻海》中有这样的描述："自此以后，从2月23日至3月12日19天中。"从这个"19天"里读出了什么信息？

因为1868年是闰年，2月份便有了29号。所以从2月23日到3月12日就有19天了。

（2）第二部分第十三章《冰山》中，有这样一句话："并且，季节也相当晚了，因为南冰洋地区的3月13日相当于北冰洋地区的9月13日，是开放春秋分的时期了。"南半球的3月13日相当于北半球的9月13日，这是为什么呢？

因为地球的南北半球相差两个季节。所以南半球的3月份相当于北半球的9月份。

3. 其他地理问题

《海底两万里》一书中包含的地理知识自然远不止以上这些。比如月球引力与潮汐、太平洋黑流、墨西哥暖流、飓风的形成，等等。限于篇幅，这里我们不可能一一列举。

（三）发现作品中的生物学意义

谈到《海底两万里》的生物学意义，我们首先看看书中人物的一些特性。

阿龙纳斯教授是个博物学家，博古通今；仆人康塞尔，对分类学入了迷，将海洋生物向我们做了翔实的介绍，界、门、纲、目、科、属、种，说得井井有条；捕鲸手尼德·兰对鲸鱼如数家珍；船长尼摩，作为海底旅行家，自然也熟知海洋生物的属性。因此，《海底两万里》也是一本海洋生物学。举例如下。

1. 海是大自然的仓库

其实，教授先生，大自然的三界——矿物界、植物界和动物界——在海洋中也同样存在。在海洋中，动物界则更具有广泛的代表性，有四个植虫群，有三个纲的节肢动物，有五个纲的软体动物，有三个纲的脊椎动物，即哺乳动物、爬行动物和成群的鱼类，而鱼类是动物中种类最为繁多的，高达一万三千多种，其中只有十分之一生活在淡水中。大海是大自然的巨大宝库。（第一部分　第十章《海洋人》）

听了尼摩船长这一介绍，我们便对海洋动物有了一个总体印象。尼摩说"海是大自然的仓库"，看来并不夸张。尼摩还告诉我们，海里的动植物还可以这样利用，比如：

您现在穿的衣服，是用一种贝类动物的足丝织成的；面料染的是老荔枝螺红。再用我从地中海海兔身上提取的紫色点缀了一下。您舱室卫生间的香水，是从海洋植物提炼出来的。您睡的床是用海洋里最柔软的大叶藻制成的。您用的笔是鲸鱼的触须，墨水是乌贼或枪乌贼分泌的汁液。（第一部分　第十章《海洋人》）

2. 科学家把最美丽的名词作为贝类动物的名字

一个多少有点爱激动的贝类学家，站在这么多软体动物标本前，肯定会惊得目瞪口呆的。我在这儿看到的是其价值高得难以估量的珍藏，我无暇一一加以描述，只能大致记下一些，免得遗忘：印度洋中的美丽的T型双壳贝，其红棕色的壳上长着一些有规律地排列着的白点，鲜艳夺目；颜色鲜艳的上等海菊蛤，浑身长满了刺，在欧洲博物馆中从未见过，我估计其价值不菲，起码值两万法郎；……最后，还有滨螺、燕子螺、金字塔螺……，分类学给了这些轻而易碎的贝类动物以非常美妙的名称。（第一部分　第十一章《鹦鹉螺号》）

　　本来是非常枯燥的贝类动物的分类说明，但到了作者的笔下，竟然也写得这么生动有趣，甚至还"高兴得发昏了"。这与其说是凡尔纳的高明之处，不如说是海洋生物的精彩绝伦。

　　如果有人说《海底两万里》是一本百科全书，我想大家一定不会反对。但是，这需要我们仔细品读、用心品味。若能如此，我们必将获得更丰富的知识和更多角度的发现。

第四章
学业质量与教学评价

语文课程应有的学业质量观

谈及学业质量或教育质量，笔者想起一份重要文件：《关于深化教育教学改革　全面提高义务教育质量的意见》。关于"提升智育水平"，文件强调："着力培养认知能力，促进思维发展，激发创新意识。严格按照国家课程方案和课程标准实施教学，确保学生达到国家规定学业质量标准。"

认知能力、思维发展、创新意识是智育水平的重要指标，对于最基础的语文课程学业质量而言，也不例外。

"学业质量是学生在完成课程阶段性学习后的学业成就表现，反映核心素养要求。"这是《语文课程标准（2022）》关于"学业质量"的一个抽象定义。

而结合语文课程，《语文课程标准（2022）》指出："语文课程学业质量标准是以核心素养为主要维度，结合课程内容，对学生语文学业成就具体表现特征的整体刻画。"如果根据《语文课程标准（2022）》稍作阐释，那么语文课程学业质量标准便是以学生的文化自信、语言运用、思维能力、审美创造为主要维度，根据不同学段，按照"日常生活""文学体验""跨学科学习"三类语言文字运用情境，整合"识字与写字""阅读与鉴赏""表达与交流""梳理与探究"等语文实践活动，以此描述学生语文学业成就的关键表现（过程性评价），体现学段结束时学生核心素养应达到的水平（终结性评价）。

下面，笔者结合《语文课程标准（2022）》上关于"学业质量描述"简要谈谈个人的一些看法。

一、情感观：从"喜欢"出发

《关于深化教育教学改革　全面提高义务教育质量的意见》指出："突出

学生主体地位，注重保护学生好奇心、想象力、求知欲，激发学习兴趣，提高学习能力。"激发学习兴趣，让学生喜欢语文课程，是学业质量的一个重要指标。我们几乎可以这样说，没有喜欢，就没有真正的学习，更没有高标准的质量。

在《语文课程标准（2022）》第一学段"学业质量"的描述里，"喜欢"一词出现了9次，比如"喜欢识字""喜欢阅读图画书、儿歌、童话、寓言等""喜欢积累优美的词句"等；"愿意"一词出现了6次，比如，"愿意向他人说出自己的猜想""愿意整理自己的学习成果，并向他人展示""愿意向他人讲述读过的故事"等。

兴趣是最好的老师，喜欢是学业的保证。语文教育最首要的质量观，便是让学生喜欢语文老师，喜欢语言文字，喜欢语文课程，喜欢学用语文。

第一学段如此，其他学段也是如此。比如在第二学段里，"乐于在班级活动中交流展示""喜欢阅读童话、寓言、神话等""乐于参与读书交流活动""乐于观察、提问、交流"等；在第三学段里，"乐于参与讨论，敢于发表自己的意见""乐于表达自己独特的感受""能积极参与活动的策划与组织工作"。

当然，我们也可以从《语文课程标准（2022）》中看到，随着年级的升高，"喜欢""乐于"这类感情色彩较为浓厚的词语出现频率会逐渐降低，而代之以"能""能够"这种能愿动词。这既是学生年龄特征从感性到理性逐渐转化的一种需要，也是语文课程学习要求和学业质量的一种需要。

二、情境观：以"生活"引入

在义务教育语文课程里，语言文字运用的情境有三类，一是日常生活，二是文学体验，三是跨学科学习。

日常生活。也就是在公共场所、与人交流、生活观察、生活记录中学用语文。

比如，第一学段，"留心公共场所等真实社会场景中的文字，尝试认识标牌、图示、简单的说明性文字中的常用汉字""喜欢识字，有意识地梳理在日常生活中学习的汉字、词语，并尝试进行分类""与人讨论交流，注意倾听，主动用礼貌用语回应"；第二学段，"能尝试根据语文学习经验和生活经验解决日常生活中的问题""能用日记等方式记录个人的见闻、感受和想法""能用便条、简短的书信等与他人交流"。

我们常说，生活的外延和语文的外延相等。日常生活是语文学用的最真实情境，因而它也是语文学用的最重要渠道。一旦脱离了生活，语文便失去了源头活水，也失去了它本应具有的社会价值和生活价值。

文学体验。主要是根据不同学段学生的年龄特征，去阅读、体验相应的文学作品。它和"文学阅读与创意表达"学习任务群里的文学阅读相呼应。

比如，第三学段，"独立阅读散文、小说、诗歌等文学作品，在阅读过程中能获取主要内容，用朗读、复述等自己擅长的方式呈现对作品内容的理解""能主动阅读体现社会主义先进文化、革命文化、中华优秀传统文化的作品，在阅读、参观、访问过程中，结合具体内容或时代背景丰富对作品内涵的理解"；第四学段，"广泛阅读古今中外的诗歌、小说、散文、戏剧等文学作品，在阅读过程中能把握主要内容，并通过朗读、概括、讲述等方式，表达对作品的理解""能通过口头或书面方式，向他人推荐中华优秀传统文化经典、革命文化和社会主义先进文化作品"。

在文学体验这一语文情境中，语文课标一方面强调符合学生年龄特征的文本题材与内容，另一方面则更强调阅读中华文化作品，即社会主义先进文化、革命文化、中华优秀传统文化的作品。

阅读是一种吸纳，但仅仅吸纳是远远不够的，它还强调内化。这便包括提取信息、简单推测、预测情节发展、讲述主要内容、表达对作品的理解、推荐优秀的作品等。

跨学科学习。这与"跨学科学习"学习任务群相呼应。也就是链接课堂内外、学校内外，围绕学科学习、社会生活开展语文活动，解决实际问题。

比如，第一学段，"在跨学科学习和探究活动中有好奇心和求知欲，喜欢观察、提问，能用自己喜欢的方式呈现学习所得"；第二学段，"参加跨学科学习活动，乐于观察、提问、交流，能参与简单的活动策划、组织工作""能用照片、图表、视频、文字等展示学习成果，并与他人分享"。

关于"跨学科学习"，它不仅仅要求跨"学科"，它还要求跨"场景"，比如走出教室、走出校园等。它所提出的"学习"，不同于我们常说的"听、说、读、写",而是一种更广泛意义上的"综合性学习",比如策划活动、组织团队、搜集信息、创意设计、发布成果等。

一个人的"跨学科学习"能力越强,意味着他发现问题、分析问题、解决问题的能力越强,适应社会的能力越强。

三、实践观：以"活动"促进

较之以往我们常说的听、说、读、写这些语文活动,《语文课程标准（2022）》提倡的"识字与写字""阅读与鉴赏""表达与交流""梳理与探究"等语文实践活动,其内涵要丰富得多。这四项语文实践活动,与核心素养、语文课程总目标以及学习任务群密切联系。下面,笔者结合课程标准简要说明。

（一）识字与写字

语文课标《附录4　识字、写字教学基本字表》里,收录了300个"基本字"。这些字构型简单、重现率高,其中的大多数能成为其他字的结构成分,比如"十""长""土""王""本"等。这些字应作为第一学段识字、写字教学的重要内容。字表中有13字附带部首变体,分别是：人（亻）、刀（刂）、水（氵）、手（扌）、爪（爫）、火（灬）、心（忄）、玉（王）、肉（月）、竹（𥫗）、衣（衤）、足（𧾷）、金（钅）。

《附录5：义务教育语文课程常用字表》中收录了3500个汉字,其中"字表一"里有2500个,"字表二"里有1000个。它是依据这些字在当代汉语阅读材料中的出现频率和汉字教学需要区分的。《语文课程标准（2022）》在第四学段明确规定,"在学习和生活中,累计认识3500个左右汉字,能规范、端正、整洁地书写常用汉字",同时,"在日常记录中使用规范、通行的行楷字,提高书写速度"。这便是义务教育阶段关于"识字和写字"的基本要求。《语文课程标准（2022）》将这个要求分解到不同学段。

在识字实践活动的途径和要求上,新课标也有许多很好的建议,比如"尝试认识标牌、图示、简单的说明性文字中的常用汉字"（第一学段）,"能根据具体语境辨析多音多义字的读音和字义,辨识、纠正常见的错别字"（第二学段）。

总而言之,"识字与写字"将贯穿于义务教育整个阶段,并按照学生的年龄特点,在生活中、在阅读中、在运用中逐步达到"识字与写字"的基本要求。

(二) 阅读与鉴赏

"阅读与鉴赏"是语文课程实践活动的重头戏。它是丰厚学生文学底蕴、提升学生思维能力和审美能力的关键所在。它对接着"实用性阅读与交流""文学性阅读与表达""思辨性阅读与表达"这三个学习任务群。

从其内容、体裁看,第一学段主要是图画书、儿歌、童话、寓言、古诗、故事;第二学段主要是童话、寓言、神话、优秀诗文、成语故事、革命英雄故事等;第三学段主要是说明性文字,散文、小说、诗歌等文学作品,体现社会主义先进文化、革命文化、中华优秀传统文化的作品;第四学段主要是新闻报道、说明性文字以及非连续文本,简单的议论性文章,诗歌、散文、小说、戏剧等文学作品,其中包括社会主义先进文化、革命文化、中华优秀传统文化的作品。

从"鉴赏"角度看,依据学段的由低到高,比如第三学段,"用朗读、复述等自己擅长的方式呈现对作品内容的理解""能用文字、结构图等方式梳理作品的行文思路""通过圈点、批注等多种方法记录自己的阅读感受和体验"等;第四学段,"能提取、归纳、概括主要信息,把握信息之间的联系,得出有意义的结论""能运用实证材料对他人观点作出价值判断""能从多角度揣摩、品味经典作品中的重要词句和富有表现力的语言,通过圈点、批注等多种方法呈现对作品中语言、形象、情感、主题的理解""能通过对阅读过程的梳理、反思,总结不同类型文学作品的阅读经验和方法"等。

如果说"阅读"是吸纳,那么"鉴赏"则是内化。学生通过长久的"吸纳"与"内化",丰富各自的情感体验,获得对自然、对社会、对人生的有益启示,并不断在文化自信、语言运用、思维能力、审美创造等方面获得长足的进步和提升。

(三) 表达与交流

接着上面说,假如"阅读"是吸纳,"鉴赏"是内化,那么"表达和交流"则是释放和展示。"表达和交流"不光体现在语文学习上,于生活中它也几乎无处不在。

《语文课程标准（2022）》关于"表达和交流"的要求也很具体，比如第一学段：

关于识字，要求学生"遇到不认识的字，主动向他人请教""愿意整理自己的学习成果，并向他人展示"；

关于讨论交流，"注意倾听，主动用礼貌用语回应""乐于表达自己的想法，遵守规则，主动合作，积极参与讨论，把自己的想法说清楚"；

关于看图说话，"能描述一幅图画的主要内容，说出多幅图画之间的内容关联"；

在阅读图画书、儿歌、童话、寓言的过程中，"愿意向他人讲述读过的故事，乐于向他人展示自己的作品""并尝试在口头和书面表达中运用""愿意为他人朗读自己喜欢的语段""愿意和同学交流朗读体验，能简单评价他人的朗读"；

在展示活动中，"喜欢在学校、社区组织的朗诵会、故事会、课本剧表演等活动中展示""参加文学体验活动，能表达自己的体验、感受和发现，愿意用文字、图画等方式记录见闻、想法"。

在跨学科学习和探究活动中，"能用自己喜欢的方式呈现学习所得"。

随着学段的升高，《语文课程标准（2022）》对学生的要求也随之提高，这里不作赘述。但笔者想说的是，"表达与交流"是新时代语文课程的一大显著特点。教师的教育观念和教学能力，往往体现在对"表达与交流"的思想解放、情境创设、问题设计、适时引导上，而学生的学业质量和语文素养，也将体现在"表达与交流"是否得体、是否顺畅、是否有文采、是否有深度等方面。

（四）梳理与探究

"梳理与探究"是本次课标修改的一大创举。它对语文课程的教与学都提出了一个不小的挑战。这是让学生适应信息时代、学会综合分析、提升综合素养的必然选择。

《语文课程标准（2022）》里，关于"梳理与探究"几乎渗透在听、说、读、写的每个环节。这里以第四学段为例，进行简要解读：

关于识字与写字,"有探究汉字规律的意识,在社会生活中能根据字音、字形、字义三者的关系准确认读、正确理解遇到的生字新词";

关于阅读新闻报道、说明性文字以及非连续性文本,能"把握信息之间的联系,得出有意义的结论""能利用掌握的多种证据判断信息的真实性与可信度,能运用文本信息解决具体问题";

关于多角度观察生活,"能就共同关注的热点问题搜集资料,提取信息,概括观点,确立学习活动主题";

关于文学作品的阅读,"能通过对阅读过程的梳理、反思,总结不同类型文学作品的阅读经验和方法";

关于参加文学体验活动,能"围绕问题搜集资料、梳理信息、整理他人的观点与认识,概括提炼他人解决问题的方法与策略,用以解决自己的问题";

关于跨学科学习,"根据需要策划创意活动,从相关学科材料中搜集资料,整合信息,发现解决问题的线索""能通过梳理、分析材料提炼出自己的看法"。

在《中国学生发展核心素养》18个基本要点中,就有多个要点强调了"梳理与探究"。比如——

> 信息意识:能自觉、有效地获取、评估、鉴别、使用信息;具有数字化生存能力,主动适应"互联网+"等社会信息化发展趋势;具有网络伦理道德与信息安全意识等。
>
> 勇于探究:具有好奇心和想象力;能不畏困难,有坚持不懈的探索精神;能大胆尝试,积极寻求有效的问题解决方法等。

"梳理"本义是用梳子整理须、发等,使之排列整齐、剔除杂质。对于语言文字而言,它主要是理顺文本思路、提炼主要信息。相对而言,它更多的是体现在文本的"表象"上。

"探究"是指反复深入地探讨研究。对于语言文字而言,"探究"则指向文本的"内质",比如分析文本内涵、挖掘作品思想、探寻发展规律等。

一个人学会"梳理与探究",则可"内外兼修""学用兼备"。在语文教学中,经常性地开展"梳理与探究"这项实践活动,将有助于学生认知能力、思维发展、创新意识的综合提升。

四、育人观:育"三有"新人

党的二十大报告指出,我们要办好人民满意的教育,全面贯彻党的教育方针,落实立德树人根本任务,培养德智体美劳全面发展的社会主义建设者和接班人。有理想,有本领,有担当,是党和国家对新时代青少年提出的殷切希望。对于义务教育语文课程而言,我们应当确立育"三有"新人的教育观念,并将其落实到具体的语文教学之中。

(一) 有理想

理想信念,是一个人的精神之基、力量之源。正如诗人流沙河在《理想》一诗中所说的那样:"理想是石,敲出星星之火;理想是火,点燃熄灭的灯;理想是灯,照亮夜行的路;理想是路,引你走到黎明。"

培养有理想的一代新人,作为教师,首先是自己要有理想,有为党育人、为国育才的光荣梦想,并努力挖掘教材中所蕴藏的"理想之光"。

比如,教学《少年中国说(节选)》(五年级上册)一文时,我们可联系地质学家李四光、核物理学家邓稼先、数学家华罗庚、"杂交水稻之父"袁隆平等具有强国梦想的优秀人物,让学生读一读他们的奋斗故事,谈一谈自己的人生理想。

教学《清贫》一文时,我们可引导学生思考、理解:"清贫,洁白朴素的生活,正是我们革命者能够战胜许多困难的地方!"因为心中有救民救国的梦想,方志敏等老一辈无产阶级革命家所考虑的只有革命,没有物质财富和个人安逸等方面的追求。还可结合《可爱的中国》一文,结合方志敏的生平事迹,让学生理解方志敏的理想信念:"中国一定有个可赞美的光明前途""这么光荣的一天,决不在遥远的将来,而在很近的将来"。

当然,仅仅依靠课文学习自然不够,还得让学生大量阅读优秀人物的先进事迹,比如钱学森、孔繁森、张海迪等。通过潜移默化的持续浸润,通过语文实践活动的不断促进,学生逐渐形成正确的世界观、人生观、价值观,并将英雄模范的理想信念内化于心，外化于行。

（二）有本领

无论是"神舟"上天，还是"蛟龙"入海；无论是国防科技，还是重大基建；无论是奥运比拼，还是5G通讯；无论是脱贫攻坚，还是小康建设……既要有宏伟蓝图，又要有过硬本领。过硬本领，来自积极主动地学习新知识新思想，来自坚持不懈地习得素养、丰富知识、提高能力。

对于语文课程而言，"有本领"体现在对祖国语言文字的热爱，对中华文化的认同，对当代文化生活的热心关注和积极参与；体现在初步具有良好的语感，懂得语言文字的特点和运用规律，有一定的语言运用的能力；体现在思维能力得到持续的提升，崇尚真知，勇于探索，积极思考，学会思辨，善于发现问题、解决问题，有较强的创新意识和能力；体现在阅读和鉴赏语言文字和文学作品时，具有感受美、发现美、表现美、创造美的能力，有健康的审美意识和高雅的审美情趣。

那么，语文课程该如何培养"有本领"的学生呢？这个问题，上文已经给出了答案，即从"喜欢"出发，培养学生热爱祖国的语言文字，热爱语文课程；以"生活"引入，把语文学习与日常生活、文学体验和跨学科学习进行有机结合，用语文解决生活问题，用生活丰富语文体验；以"活动"促进，把"识字与写字""阅读与鉴赏""表达与交流""梳理与探究"进行科学整合，在具体的语文实践活动中提升学生的语文核心素养。

（三）有担当

美丽的蓝图、崇高的理想，不是靠等和喊得来的，而是学出来和做出来的。

何谓担当精神呢？《中国学生发展核心素养》指出，责任担当"主要是学生在处理与社会、国家、国际等关系方面所形成的情感态度、价值取向和行为方式"。责任担当具体包括社会责任、国家认同、国际理解等基本要点。

从这一解释出发，在语文课程的教育教学中，我们便大有文章可做。

比如，在教学《卖火柴的小女孩》一文时，除了落实该单元"感受童话丰富的想象""试着自己编童话，写童话"等单元目标外，教师还可以引导学生养成怜悯之心、关心弱势群体，并推及"老吾老以及人之老，幼吾幼以及人之幼",以此培养学生的社会责任感。

比如教学《月是故乡明》《梅花魂》等课文时,教师可结合文句——"每逢这样的良辰美景,我想到的却仍然是故乡苇坑里的那个平凡的小月亮""当年的我,还过于稚嫩,并不懂得,我带走的,岂止是我慈爱的外祖父珍藏的一幅丹青、几朵雪梅?我带走的,是身在异国的华侨老人一颗眷恋祖国的赤子心啊!"引导学生理解文句及文章所蕴含的情感,来培养学生的家国情怀。

比如教学《纪念白求恩》《植树的牧羊人》《走一步,再走一步》《诫子书》等课文所在的单元时,我们一方面可以落实美好品行、人生经验、修身养德、思想光辉、人格力量等人文主题,另一方面可以渗透一些"国际理解"方面的教育,比如白求恩大夫的国际主义精神和共产主义精神,比如牧羊人保护地球、拯救土地的环保意识和身体力行。

今天,许多人把"学业质量"与"考试分数"直接划上等号,这也许是一种现实所迫。但是,笔者通过几十年的教育实践和理论探索,认为上述朴素的"情感观""情境观""实践观""育人观",是语文课程应有的学业质量观,也即是语文课程的应有之义。

如何创设真实而富有意义的语文学习情境

"情境"一词，在《辞海》中是这样解释的：情景；境地。再往细里解释：情景，是指具体场合的情况和景象；境地，是指某种状况或境况。

透过解释，我们可以看到，真实与具体是"情境"的重要前提，而这也是新时代语文教育的一个显著特征。

有人这样解释情境教学，非常形象："情境教学，即为教学创设真实情境，好比是把世界'切'下一块放到课堂中，让学生在其中提前练习。情境教学让课本知识与现实生活建立联系，强调'体验为王'，更好地培养学生面向真实世界的能力与情感。"[1]

那么，我们该如何创设真实而富有意义的语文学习情境呢？

一、用"大情境"统领单元教学

"创设真实而富有意义的学习情境，凸显语文学习的实践性"，这是《语文课程标准（2022）》提出的一项建议。

该建议，既符合新时代对教育的要求，正如《关于深化教育教学改革 全面提高义务教育质量的意见》中所讲，"融合运用传统与现代技术手段，重视情境教学；探索基于学科的课程综合化教学，开展研究型、项目化、合作式学习"；又符合"学习"的基本规律，古人云"学而时习之"，陶行知先生提倡"教学做合一"，都是在强调"学习的实践性"。实践，是最好的一种学习方式。

用大情境统领单元教学，所指的是采用单元教学法时，教师根据单元教

---

[1] 臧秀霞. 实施情境教学，体验驱动成长［N］. 中国教育报，2022（09）.

学内容与要求，创设一个能统领整个单元的"大情境"，让语文学习全面开花、真实结果。

下面，以七年级下册第四单元为例，就"用大情境统领单元教学"这一主张略作说明。

该单元的"阅读"部分共有 5 篇课文：《叶圣陶先生二三事》（张中行）、《驿路梨花》（彭荆风）、《最苦与最乐》（梁启超）、《陋室铭》（刘禹锡）、《爱莲说》（周敦颐）。

该单元的人文主题是"中华美德"。我们可以创设这样的一个"大情境""大任务"：以"传承中华美德，不断修身正己"为主题，开展一次演讲比赛。演讲时，学生要尽可能地引用或化用本单元 5 篇课文里的事例或名言，以期达到活学活用、提升语文素养的目的。

需要说明的是，这次演讲比赛是在完成落实字词、疏通文义、揭示主题、分析特色等"常规教学"之后的一次"大任务"。这个"大任务"是依托小组合作这种形式来完成的。

为了这个"大情境""大任务"能较好完成，教师有必要给学生提供一定的"学习支架"，比如演讲稿的基本特征、如何写好一篇演讲稿等。

这是一个"大情境""大任务"，也是一个"真情境""真任务"，同时还需要伴随着一种"真评价"。评价表如下：

演讲比赛评价表

演讲主题：＿＿＿＿＿＿＿＿＿＿＿＿＿＿＿＿＿＿＿＿＿＿＿＿＿＿＿

演讲者：＿＿＿＿＿＿ 小组成员：＿＿＿＿＿＿＿＿＿＿＿＿

评价项目	评价指标	评价 自我	评价 同学	评价 教师
信息搜集	1. 合理运用本单元课文资料；2. 能对相关资料进行归类整理；3. 能与同学分享资料			
撰写文稿	1. 文稿主题明确；2. 文稿材料丰富；3. 文稿逻辑清晰			
合作情况	1. 能与同学合作；2. 能认真完成所分配的任务；3. 能承担相关角色			

（续表）

评价项目	评价指标	评价		
		自我	同学	教师
演讲表现	1. 演讲时态度大方；2. 声音清晰；3. 演讲内容有条理			
认真聆听	1. 听讲有礼貌；2. 注意力集中；3. 能听清楚主要内容			
综合评语	自评：			
	互评：			

注：评价分 A、B、C 三等。A：三项指标全部合格；B：达到两项指标；C：仅达一项指标。

二、用"小情境"丰富语文课程

情境无处不在。只要我们有一颗"情境之心"，便总能因地制宜、因课而异地创设适合学生认知、充满生机活力、利于素养提升的教学情境。它将让语文课程丰富多彩，让语文学习妙趣横生。

（一）用好教材插图

插图是语文教材的重要组成部分，也是语文教学中可供利用的重要资源。尤其是对于低学段学生而言，科学利用插图，具有激发兴趣、深化理解、增强记忆等多方面作用，并能以此培养学生的观察力和想象力，培养学生的审美情趣。在小学高年级和初中语文教学中，插图同样可以用来创设学习情境、丰富语文体验、唤起审美情趣等。

比如《从百草园到三味书屋》一文，教材中共有 4 幅水墨画插图，包括鲁迅、木莲、三味书屋、读书情景等。教师可根据上述 4 图，设置这样的一个读写结合的创意训练："请仔细观察本文四幅插图，结合文章相关内容，与鲁迅先生来一场穿越时空的心灵对话。"借助这样的"二次创作"，可以实现今昔的对比、童趣的激发、情感的体验、创意的表达，可谓是一举多得。

（二）利用信息技术

信息技术与语文课程整合，是一种最普遍、最常用的教学方式。它通过营造氛围情境、创设问题情境、模拟真实情境、输出现实情境等，有效地促进教学方式和学习方式的变革，较大地提高课堂容量和教学效率。

比如教学《邓稼先》时，可播放《两弹元勋邓稼先》等视频。通过观看视频，学生可真切地感受到罗布泊工作条件的恶劣，感受到邓稼先带病指挥他一生中最后一次核试验的果敢，感受到我国第一颗原子弹爆炸成功的举国欢腾，感受到仅仅12天之后邓稼先就永别这个世界的肃穆，等等。

视频虽短，信息量却巨大。通过观看视频，学生对于邓稼先本人以及中国研制原子弹、氢弹的艰辛历程和伟大意义有了真切的认识。显然，这对于《邓稼先》一文的教学，对于杨振宁字里行间蕴含的崇敬情感，可起到四两拨千斤的功用。

（三）开发课堂游戏

爱玩是儿童的天性。尤其是低学段学生，注意力常常不由自主地分散，自我控制的能力也较差。即便是高学段学生，也喜欢在动眼、动口、动手、动脑的游戏活动中"学中玩、玩中学"。这样的课堂，其本身就是一个充满活力、充满乐趣的教学情境。

开发课堂游戏，应当遵循符合儿童认知规律、利于促进认知发展的原则，遵循始于教学、助于教学、归于教学的原则。比如，通过卡片游戏来学习拼音、认读生字，通过成语接龙的形式来积累成语，通过"飞花令"的形式来积累古诗词，通过看图画猜古诗的形式来理解古诗词，通过分角色朗读、分角色扮演的形式来学习课文，通过画思维导图的形式来打开作文思路，等等。

诸如此类的课堂游戏，能让学生乐学、善学、会学，爱上语文，学而不疲。同时，学生的感受力、想象力、表达力、自信力也将会在课堂游戏中自然生长。

（四）用足校园文化

校园，不光是学生的活动场所，它还是语文教学的一种潜在课程。校园文化，是由学校历届师生在长期的教学实践和校园活动中，共同创造的物质文化和精神文化的总和。一个成熟的语文教师，大多有一双善于发现的眼睛：发现校园文化里的语文因子，发现可供开展活动的区域空间，发展可以培养核心素养的精神养料。

比如，文化长廊里的名人画像、名言、事迹，学校雕塑里蕴含的创造力和真善美，绿化植被因季节变化而带来的形态差异，绿茵场上师生运动中传达出的力量之美与合作之乐，学校陈列室里陈放的文字、照片、实物，等等。这一切，都可以"拿来"有效地创设语文情境。识字与写字、阅读与鉴赏、表达与交流、梳理与探究，日常生活、文学体验、跨学科学习，这些语文实践活动都可以在这些真实的情境中得以开展和深化。

（五）创编学科试题

核心素养的发展，离不开真实的情境；学科测评的形态，离不开具体的情境。情境化命题是核心素养下各类考试的必然选择。它是将学科问题有机地融入一种时代情境中，它要求学生在情境中提取、梳理、分析相关信息，综合运用学科知识、能力来解决问题。

一个与时俱进的语文老师，应该是一个善于利用某种情境、创编语文试题的能手。比如，许多地方都在打造旅游文化，可让学生根据家乡特点，写一句有创意的广告词；媒体上刊载或播报的一些重大新闻事件，可用来拟出几道新闻题；脱贫攻坚、乡村振兴、科技发展、防疫抗疫、体育盛会、感动中国等相关"美文"，可用作阅读材料，并巧妙地让学生"代入"其中。

在这些情境化试题、真实性任务中，文化自信、语言运用、思维能力、审美创造等素养有机融合，学生的应考能力和核心素养必将齐头并进。

三、扎实开展"综合性学习"

《语文课程标准（2022）》关于"学习情境"有这些建议：

"语文学习情境源于生活中语言文字运用的真实需求，服务于解决生活的真实问题"。这里所强调的，需求和问题都是真实的。这里的"真实"情境，也应当包括"拟真实"的情境。

"创设情境，应建立语文学习、社会生活和学生经验之间的关联，符合学生认知水平"。符合年龄特征，促进语文学习，丰富生活经验，应成为创设情境的一个基本要求。

"应整合关键的语文知识和语文能力，体现运用语文解决典型问题的过程和方法"。在我看来，"关键的语文知识和语文能力"是指能促进文化自信、语言运用、思维能力、审美创造等方面素养提升的语文知识和语文能力。但这应当根据实际情况有所侧重地进行整合，用以解决典型的语文问题。

扎实地开展好综合性学习，是创设真实而富有意义的语文学习情境的最直接的办法。这里以七年级上册第二单元综合性学习《有朋自远方来》为例略作说明。

我们先来看看这个综合性学习的导语：

进入中学，学习生活翻开了新的一页，你一定认识了不少新同学。他们有的原本就与你同处一地，有的可能来自你未曾去过的地方。想和他们成为好朋友吗？那就主动去了解他们，也让他们了解你吧。要知道，与人交往，结为朋友，是需要真诚与爱心的。大家不妨围绕'交友之道'，开展一次学习活动。

认识新同学，结识新朋友，这是刚刚进入中学的孩子们的真实问题和真实需求。搜集、阅读、整理有关交友的诗词文章、名言警句、成语典故和其他材料；联系自己的交友经历，讨论、交流各自对交友的看法和认识，包括对网络交友方式的利弊发表观点，巧妙地建立语文学习、社会生活和学生经验之间的关联，这也是符合学生的年龄特征和认知水平的；策划、组织、实施本次活动，邀请任课教师参加，拟写发言提纲，写好自我介绍等真实问题，这可以说是整合了关键的语文知识和语文能力，体现了运用语文解决典型问题的过程和方法。

特别要注意知识方框里的一些温馨提示，比如自我介绍，一般要介绍清楚姓名、家庭情况、特长、兴趣爱好、理想追求；自我介绍时，要充满自信，声音响亮，目光正视前方，适时扫视全场；语言简洁、清晰，语速不快不慢，态度自然、亲切、随和等。这对于提升学生的综合素养，有着一定的指导意义。附录中的《综合性学习评价表》则围绕"听、说、信息搜集、合作"等方面进行评价，让这个语文学习情境更好操作、更有意义。

四、寻找契机创设"大情境"

电影《无问西东》中有这样一个场景：

一日，师生正在教室里上课，外面突然下起了瓢泼大雨。大雨敲打着铁皮屋顶，发出巨大声响，仿佛是一曲气势宏伟的交响乐。此时，教授放下讲义，提起粉笔，在黑板上写下四个大字——"静坐听雨"。这一情景大大出乎学生的意料。大家一起开始静静赏雨。

在那样一个年代，教授这样做，其实是他善于捕捉教育良机：让学生"浪费时间"静坐听雨。教授以这样的方式告诉学生，面对突发事件，要能够从容不迫、静观其变。这便是：今日静坐听雨，来日无问西东。

《语文课程标准（2022）》指出，"创设学习情境，教师应利用无时不有、无处不有的语文学习资源与实践机会""引导学生在多样的日常生活场景和社会实践活动中学习语言文字运用"。

这里，笔者介绍一个利用实践机会、开发教学资源、创设教学情境的真实案例。

中国工农红军第十五军诞生纪念地，位于湖北省黄梅县大河镇吴祥村牛头山，距离笔者所在学校只有七八公里。每年的清明前后，学校都要组织七、八年级学生一起参加"清明远足，缅怀先烈"活动。第一次参加后，我感觉此处大有文章可做，打算把它放在语文课程的高度来开发。

在清明远足活动前的一两周，笔者和学生们一起策划活动方案，并将活动主题进一步丰富，确定为"清明远足看家乡，缅怀先烈学精神"。全班分为八个小组，分工如下：

1. 清明采风组。通过查阅资料、请教长者等形式，了解"清明节令"和"清明节日"的相关知识、风俗习惯；

2. 军部旧址组。参观军部旧址（吴祥村老祠堂），了解红十五军的诞生历史和革命贡献；

3. 纪念碑地组。瞻仰纪念碑，根据牌楼题字、纪念碑身、纪念碑文、浮雕、台阶、占地等方面内容，全面了解纪念碑和纪念地；

4. 英烈事迹组。通过查阅资料、请教老师、瞻仰墓碑等形式，了解红十五军的部分英烈，了解掩埋在纪念地的不同革命时期的部分烈士故事；

5. 革命诗文组。通过查阅资料、请教老师等形式，了解与红十五军相关的革命诗文；

6. 考田水库组。纪念碑与考田水库仅一路之隔。通过查阅资料、请教长者，了解黄梅考田水库以及另两座水库（龙坪水库、古角水库）的建设历史；

7. 美丽乡村组。观光远足必经地——养马村（因岳家军在此处养过马而改名养马岭，获"全国文明村"称号），以及沿途田园风光、村舍建设，了解相关情况，拍摄典型图片；

8. 活动主持组。搜集上述各组的文字、图片资料，选好主持人和通讯员，准备好主持词以及通讯报道。

交流展示课上，泪光闪闪，掌声阵阵，妙语频频，佳作纷纷。用今天的眼光来看，这是因为日常生活、文学体验、跨学科学习等情境在一起交织，中华优秀传统文化、革命文化、社会主义先进文化在一起交汇，文化自信、语言运用、思维能力、审美创造等核心素养在一起交融。

素，乃未染之丝；养，乃长久育化。真情境，真任务，真实践，真学习，融洽的师生关系，和谐的课堂气氛，学科的立德树人，课业的减轻负担，都将不期而至。这样的教育，最有益于发展学生的核心素养。

如何融合互联网培养学生的语文核心素养

《语文课程标准（2022）》在"教学建议"里明确指出，教师要"关注互联网时代语文生活的变化，探索语文教与学方式的变革""把握信息技术与语文教学深度融合的趋势，充分发挥信息技术在语文教学变革中的价值和功能"。

事实上，深度融合互联网，充分发挥信息技术的价值和功能，近年来在系列文件中时有出现，比如，2018年教育部在《教育信息化2.0行动计划》中指出，教育信息化2.0行动计划"是在历史成就基础上实现新跨越的内在需求""是顺应智能环境下教育发展的必然选择""是充分激发信息技术革命性影响的关键举措""是加快实现教育现代化的有效途径"。

再比如，2019年中共中央、国务院在《中国教育现代化2035》中强调，"加快推进教育现代化""充分利用现代信息技术，丰富并创新课程形式""利用现代技术加快推动人才培养模式改革，实现规模化教育与个性化培养的有机结合"。

还有2023年初，教育部正式发布《教师数字素养》行业标准，旨在提升教师利用数字技术，增强该方面的意识、能力和责任。

一言蔽之，深度融合互联网，推进教育现代化，这既是新时代教育发展、学生成长的必然选择，也是构建教育强国和人力资源强国的必然要求。

单从语文课程而言，融入互联网，利用互联网，其根本目的是发展学生的语文核心素养——这是由语文课程目标所决定的。

下面，笔者将结合具体课例，从文化自信、语言运用、思维能力、审美创造等方面，简要谈谈如何融合互联网、培养学生的语文核心素养。

一、文化自信：挖掘三种文化

文化自信，简言之，就是对中华文化的生命力有着坚定的信心，同时能保持一种开放的心理，在了解和借鉴人类文明优秀成果的过程中，不断开阔文化视野、丰厚文化底蕴。

经典的古诗文是中华优秀传统文化的结晶，古贤哲的精神境界、理想追求、人格魅力、审美情趣、生活情调均包含其中。但由于历史的变迁、时空的隔阂、情境的疏离，往往会造成中小学生对古诗文理解与感受的困难。教学中，教者如果能根据具体诗文，依托互联网，搜索相关的图片、视频、音频，以此丰富教学资源，这对于学生把握古诗文的意蕴是有一定辅助作用的。

比如，教学《关雎》《蒹葭》时，我们可以通过互联网搜索《经典咏流传》等类似栏目，把《关雎》唱出来。在音乐的烘托下，借由歌者深情的演绎，学生更能理解"求之不得，寤寐思服""悠哉悠哉，辗转反侧"等诗句所包含的兴奋与迫切，理解虽跨越数千年，但人类对真挚爱情的渴望是永恒不变的。针对"蒹葭苍苍，白露为霜"一句，教者可通过图片或小视频把学生引入清冷而优美的情境之中，再借以深情的吟咏，主人公的那种绵远悠长的思念之情便逐渐地萦绕在学生的脑海之中。

再比如，教学《观沧海》时，可在课前播放视频《三国演义》中"煮酒论英雄"片段，以"英雄"话题导入新课。视频中曹操所说的"夫英雄者，胸怀大志，腹有良谋，有包藏宇宙之机，吞吐天地之志者也"，与诗句"日月之行，若出其中；星汉灿烂，若出其里"，完美地诠释了曹操的博大胸怀和远大抱负。

《纪念白求恩》是一篇关于革命文化的经典篇目。但是，当下的学生对白求恩，甚至对抗战时期的延安和晋察冀边区的战斗生活知之甚少。因此，若要教学好此文，需得给学生补充一定的历史资料。教学中，教者可剪辑电视剧《聂荣臻》里的相关片段，让学生看到白求恩在一次为伤员施行手术时被细菌感染而患上败血症的情景。在短短的几分钟里，学生的情绪被深深地感染了。白求恩同志的共产主义精神、毫不利己专门利人的精神、对技术精益求精的精神，便活化在学生的脑海里。"一个人能力有大小，但只要有这点精神，就是一个高尚的人，一个纯粹的人，一个有道德的人，一个脱离了低级趣味的人，一个有益于人民的人"，文末的这句中心语，已不需讲解而深入人心了。

在《邓稼先》一文的课后"积累拓展"里，有这样一道题："小组合作，搜集并整理我们'两弹一星'科学家的资料。任选其中一位科学家，由小组推选一名代表向全班介绍。"这道"积累拓展"是一次非常好的"任务驱动"。学生只要在手机或电脑的某个搜索引擎里输入"两弹一勋"字样，即可了解到邓稼先、于敏、朱光亚、孙家栋、钱学森、赵九章、钱三强等23位"两弹一星"功勋人物。然后，可选择其中的某位科学家（比如钱学森）进行二次搜索，从中获取、整理自己感兴趣的资料，比如艰难回国、卓越贡献、爱好音乐等，精心组织语言后向全班介绍。这样的"积累拓展"，一方面可以让学生更全面地了解"两弹一星"功勋人物，另一方面还可以从中获得一种文化自信——社会主义的优越性，社会主义先进文化的优越性。20世纪50年代，党中央根据国际国内形势，决定举全国之力，自主研制"两弹一星"。大批科技工作者、科学家，纷纷响应党和国家的号召，以身许国，隐姓埋名，在基础十分薄弱、条件非常艰苦的情况下，自力更生，艰苦奋斗，突破了"两弹一星"的尖端技术，取得了无比辉煌的科研成就。这正如杨振宁在课文中所说："是为了民族而自豪，还是为了稼先而感到骄傲？"显然，这是二者皆有的，是水乳交融的，是互为因果的。

二、语言运用：善用品牌栏目

"积极利用网络资源平台拓展学习空间，丰富学习资源，整合多种媒介的学习内容，提供多层面、多角度的阅读、表达和交流的机会，促进师生在语文学习中的多元互动。"《语文课程标准（2022）》里的这几句话，为发展学生语言运用这一素养打开了思路，指明了方向。教师只要做一个有心人，经常性地搭建平台、创造机会，那么学生在语言运用方面将会与时俱进、受益良多。教者不妨从以下几个方面着手。

一是从课文内容延伸出去

比如，教学完《从百草园到三味书屋》后，教师可组织学生观看《鲁迅故居——三味书屋》等小视频。视频中，有关于"三味书屋"名称的介绍。据悉，寿镜吾先生是这样介绍"三味"的："布衣暖，菜根香，诗书滋味长。"而此前，书屋的名称叫作"三余书屋"。何谓"三余"呢？"冬者，岁之余；夜者，日之余；阴雨者，晴之余。"意即，冬天、夜间、阴雨天，都是读书的好时光。无论是"三味"还是"三余"，都表现了书屋主人的一种生活态度和读书追求。

这里，可以给学生拟出一道这样的语言运用题："给自己的房间（卧室或书房）作一个命名，并围绕该名称稍作解释。"经过稍许沉默之后，一些学生便开始取名了，比如"爱的小屋""悦读书房""玩学空间""三省书屋""四美居室"等，并各自给出了自圆其说的解释。知识的补给、内在的反思、志趣的培养、语言的运用、创意的锤炼、心灵的沟通，就在这悄无声息的命名中，得到了一种综合的发展。

二是从品牌栏目发展出去

许多年来，以中央电视台为代表的电视台相继推出许多优秀文化栏目，比如《中国诗词大会》《经典咏流传》《典籍里的中国》《百家讲坛》《朗读者》等，将中华优秀文化进行创造性转化和创新性发展，形式多样，内涵丰富，精彩纷呈，备受观众喜爱。而其中，主持人的开场白、嘉宾的点评更是语言运用的范本。这里略举两例。

> 江山如此多娇，引无数英雄竞折腰。秀丽江河，寄托最美诗心，壮阔山川，成就千古诗人。渊明采菊，依依南山；太白辞亲，仗剑扬帆；子美行舟，月涌大江；东坡登临，远近横看。伟大的人格，恢宏的自然，不朽的篇章。今天就让我们一同遨游五岳，纵横四海，人生快意，尽在其中。（《中国诗词大会》第五季第九场开场白）

> 时间，是你我最熟悉，也最陌生的伙伴，是我们最亲密，也最残酷的对手。它给予我们青春，也带来垂暮。它留下了最隽永的回忆，也带走最美好的瞬间。……当人类对时间做出了定义，我们在掌握时间的同时，也受制于时间。那么，该如何摆脱这最伟大的束缚呢？希望你我都能够拥有这样的智慧和勇气。（《朗读者》第三季第七期开场白）

教学中，我们可以列出"青春""爱""志向""英雄""时间"等关键词，让学生在观看视频或诵读开场白之后运用这些关键词进行"活学活用"

"现炒现卖"。这么优美、这么深情的教材，我们何乐而不用呢？

此外，我们还可以借由热点人或事评述出去（比如谷爱凌、足球世界杯等），借由优质视频描述开去（如李子柒的视频），等等。

三、思维能力：迈向高阶思维

语言是思维的外显，思维是语言的内质。语言运用的本质，其实是思维能力的一种外在表达。《语文课程标准（2022）》关于思维能力提出了三种认知表现（联想想象、分析比较、归纳判断）、五种思维（直觉思维、形象思维、逻辑思维、辩证思维、创造思维），以及思维的五种性质（敏捷性、灵活性、深刻性、独创性、批评性）。显然，在语文教育教学中，培养学生的思维能力应当围绕上述认知表现和思维性质进行。

有学者将教育的认知能力分为六个层次，从低到高依次为"记忆、了解、应用、分析、评价、创造"。他们认为，传统教育训练的是位于低端的三个认知能力，即"记忆、了解、应用"，并将此称为"低阶思维"；而当下的教育应重视学生的"分析、评价、创造"等认知能力的培养，也就是要培养学生的创造性思维和批判性思维能力，这便是"高阶思维"。[①]

那么，在日常教学中，我们该如何融合互联网培养学生的思维能力，特别是高阶思维呢？

个人认为，我们首先要用好教材，做好非互联网状态下的教学工作。也就是，不要为用而用、为融而融，而应当是适时而用、适机而融。这里，笔者从三个方面略作阐释。

（一）积累拓展

比如《纪念白求恩》课后有这样一道"积累拓展"题：

> 除了毛泽东，许多老一辈革命家也写过纪念白求恩的文章，如朱德的《纪念白求恩同志》、宋庆龄的《我们时代的英雄》、聂荣臻的《"要

[①] 张生，陈丹．"互联网＋教育"如何促进学生的思维发展？——以华西小学思维发展型语文课堂为例［J］．现代教育技术，2018（05）．

拿我当一挺机关枪使用"——怀念白求恩同志》等。课外阅读这些文章，小组交流：白求恩大夫身上有哪些优秀品质？哪一点对你触动最大？

笔者从日常的教学观察中发现，大多数老师并没有把这样的拓展题当回事，大多数学生也基本是视而不见。显然，这对于丰富知识、学会比较、尝试辨析、创造创新这些能力的培养是无所作为的，但若是能借此引导学生通过互联网来搜索、阅读、比较、综合，学生的思维和表达能力将会得到一定的提升。

（二）专题探究

比如《朝花夕拾》整本书阅读，教材安排了三个专题，一是"鲁迅的童年"，二是"鲁迅笔下的那些人物"，三是"鲁迅的儿童教育观念"。此外，也可以自行设计探究专题。实事求是地说，对于七年级学生，特别是处于七年级上学期的学生来说，如果仅仅依靠个人阅读来完成这些专题探究，是有很大困难的。即便能完成，大多数学生的探究深度和思辨程度也是比较浅层、比较线性的。若是在学生独立思考下，在教师的简要指导下，依托互联网的海量信息、快捷呈现，这些专题做起来一定更丰实、更有批判性。

（三）创意思维

一些"综合性学习"，既要求学生搜集资料、实地考察，还要求学生设计方案、创意表达。这样的项目化学习，最能锻炼学生的能力、催生学生的创意。比如八年级下册第二单元《倡导低碳生活》这个综合性学习，就提出了这样的要求：

围绕"低碳生活，我们可以做什么"的话题，全班一起讨论，确定各组的宣传点；围绕专题，了解相关知识。可以从一些权威网站搜集最新的可靠数据，也可以从地理课本、百科全书中找相应的介绍，还可以访问权威人士，咨询相关学科老师。

教材在"建议框"里还有这些提示：

客观的数据和图表，能提升宣传材料的可信度；带有诗情画意的描述，更容易打动观者的心；编写几句朗朗上口的宣传口号，创作一支宣传歌曲，宣传效果会加倍。

显然，上述项目里有许多内容需要创意思维和创意表达，此时，互联网可为学习提供很多帮助。我们何乐而不为呢？

四、审美创造：紧扣四种能力

审美创造是语文教育的一大难点。它是指"学生通过感受、理解、欣赏、评价语言文字及作品，获得较为丰富的审美经验"，也就是说，这里的"审美"指向语言文字及作品，还包括"创造"——"表现""表达"也应当指向语言文字及作品。

《语文课程标准（2022）》还强调，需要培养学生四种能力，即感受美的能力、发现美的能力、表现美的能力、创造美的能力；当然，还包括高雅的审美情趣、健康的审美意识、正确的审美观念。

下面，笔者结合具体案例，就融合互联网培养学生审美的四种能力，谈谈个人的一些看法和做法。

（一）情景再现·感受美

所谓感受美，即通过某个或某几个感官接触外界某种事物，得到一些美的体会。文字具有很强的张力，但对于生活经验不太丰富的中小学生而言，往往会因为一些文字与生活经验之间的疏离感太强，在文章理解上往往不尽如人意。此时，可以通过互联网，以图片、音频、视频的形式，让学生获得一些感性认识。

比如《黄河颂》里有这样的句子："我站在高山之巅，望黄河滚滚，奔向东南。惊涛澎湃，掀起万丈狂澜；浊流宛转，结成九曲连环；从昆仑山下奔向黄海之边，把中原大地劈成南北两面。"教者如果能在教学中用黄河的图片或视频，把它的"惊涛澎湃"和"浊流宛转"更具象地予以呈现，再辅以深情的朗诵，那么学生对于"黄河"这个意象会体会得更丰满，对黄河"表现出我们民族的精神：伟大而又坚强"这个意蕴会理解得更深刻。

（二）用心体验·发现美

发现美，是感受美的一个升级版。所谓发现美，即看到或找到以前未觉察到的美的元素或美的规律。

笔者认为,发现美有时是"突然发现",而有时需要读者(观者)用心观察、体验、琢磨等,这便是"渐然发现"。无论是前者还是后者,互联网在某些时候都可以发挥一些"桥梁作用"。

这里以七年级上册第四单元《诫子书》为例。本文"预习"提示:"课文是诸葛亮写给儿子的一封家书,殷殷教诲中蕴含着深切的期望。"此外,背景信息不多。显然,仅仅借此让学生体会本文的"情感之美"和"思想之美"是有些力不从心的。

此时,我们不妨让学生通过互联网搜索一下诸葛亮写作此文时的一些背景资料,以及诸葛亮之子诸葛瞻的一些情况等。通过搜索综合,学生应该可以发现以下信息:

1. 诸葛亮生于181年,卒于234年,而本文正是写作于234年,也就是说,本文作于诸葛亮临终之年。

2. 诸葛瞻生于227年,诸葛瞻出生时,诸葛亮已经46岁了;而诸葛亮作此文时,诸葛瞻才7岁。

3. 234年,诸葛亮出兵武功县。其间,诸葛亮曾给哥哥诸葛瑾写信,信中有云:"瞻今已八岁,聪慧可爱,嫌其早成,恐不为重器耳。"

4. 刘备三顾茅庐,诸葛亮遂出隆中,成为刘备军师。此后,诸葛亮为蜀国鞠躬尽瘁,顾不上教育儿子。诸葛亮给儿子写《诫子书》,乃是希望儿子能成为一个志向远大、品学兼优的人。

有了以上四点信息作铺垫,学生对于本文的"情感之美"(谆谆教诲,望子成龙)和"思想之美"(静以修身,俭以养德)便容易有更深刻的理性认识。

(三)如实表达·表现美

所谓表现美,即通过某种表达形式(比如口头或文字、图画或音乐等)来传递作者的某种"美的感受"。这有点类似于"实用性交流"。

这里仍以《诫子书》教学为例,课后的"思考探究三"要求联系上下文,说说对文中"志"与"学"的关系是如何理解的。

显然,这种"表现美"大多是不需要依托互联网的,只需要如实表达自己的见解即可。比如,作者主张以俭养德、以静致远、以志成学、以学广才。

其中，志向是成才的前提，而志向的培养又必须"静以修身，俭以养德"。可见，造就人才需要从"静""俭""志""学"四个方面着手。

当然，语文课程所说的"表现美"，大多数情况下，还是以口头语言或书面语言（即"说与写"）的形式把生活中的"真善美"进行如实表达。这里，不作举例。

（四）创意写作·创造美

创造美，即建立在创新的基础上来制造出美的事物。如何创造美呢？朱光潜认为，创造美要"超现实"。因为，"现实界处处有障碍有限制，理想界是天高任鸟飞，极空阔极自由的"。[①]

我们继续以《诫子书》教学为例。在拓展阶段，我们可以设置这样一道练笔题：《诫子书》是诸葛亮写给儿子诸葛瞻的信，请以诸葛瞻的名义，给诸葛亮写一封回信。回信可以用文言文，也可以用白话文。这便是一种创意写作：跨越时空，以情换情。

用言语创造美，这是语文课程的一大旨归。个人认为，凡属创意表达的，其过程便是创造美的过程，其结果便是创造美的结果。

何谓创意表达呢？《语文课程标准（2022）》这样阐释道："观察、感受自然与社会，表达自己独特的体验与思考，尝试创作文学作品。"

显然，这样富有创意地表达美的过程，许多时候无须融合互联网。也即是说，融合互联网培养学生的语文核心素养，是"当用则用"，而不是"为融而融"。

最后，笔者想说的是，融合互联网培养学生的语文核心素养，在文化自信、语言运用、思维能力、审美创造四种素养之间，应当坚持"以一带三、以三促一"的原则，即以"语言运用"来带动其他三项。因为，《语文课程标准（2022）》提出："在语文课程中，学生的思维能力、审美创造、文化自信都以语言运用为基础，并在学生个体语言经验发展过程中得以实现。"

[①] 朱光潜. 给青年的十二封信 [M]. 武汉：长江文艺出版社，2018.

学段视角下的"教—学—评"一体化例谈

教学评价，是一种以教学目标为依据，按照较为科学的标准，运用可操作的技术手段，通过收集教与学的相关信息，对教学过程和教学结果进行测量，并作出价值判断的过程。

"评价必须建立在清晰地陈述目标的基础上，根据目标来评价教育效果，促进目标的实现。"笔者无法判断这句话是否出自科学管理之父泰勒之口，但它确实揭示了"目标评价"的重要意义。

但这并非意味着只关注结果的评价——终结性评价，恰恰相反，教学中教者可以依据目标的描述来引领实施"教—学—评"一体化，即关注过程性评价，以此突出学生主体地位，保护学生的好奇心、想象力、求知欲，激发学生的学习兴趣，提高学生的学习能力，从而保障学业质量的有效提升。

一、何谓过程性评价

何谓过程性评价？《语文课程标准（2022）》这样解释：

> 过程性评价重点考查学生在语文学习过程中表现出来的学习态度、参与程度和核心素养的发展水平，应根据各学段的学习内容和学业质量要求，广泛收集课堂关键表现、典型作业和阶段性测试等数据，体现多元主体、多种方式的特点。

对于上面这段话中的一些术语，我们不妨从语文课程的角度来稍作解释。

1. 学习态度，是指学生对待语文学科、语文教师、学习材料、语文实践活动等表现出的一种相对持续的或肯定或否定的行为倾向或内部反应。具体而言，就是学生的注意状况、情绪状况和意志状态等。

2. 参与程度，是指学生在语文学习中情感、思维、言行等方面的投入比重。从其表现来看，可从参与的时间、参与的态度、参与的效果等方面来评价。

3. 核心素养的发展水平，也就是学生在语文实践活动中积累、建构、表现出来的，在文化自信、语言运用、思维能力、审美创造等方面的综合体现。

4. 学习内容，主要包括"语言文字积累与梳理""实用性阅读与交流""文学阅读与创意表达""思辨性阅读与表达""整本书阅读""跨学科学习"等六个学习任务群下的相关系列学习任务。各个学习任务群的"学习内容"，可参照《语文课程标准（2022）》P20—P36。

5. 学业质量，是学生在完成课程阶段性学习后的学业成就表现。它是以核心素养为主要维度，结合课程内容，对学生语文学业成就具体表现特征的整体刻画。各学段的学业质量要求，可参照《语文课程标准（2022）》P37—P43。

6. 课堂关键表现，笼统地说，是指学生在语文课堂上能否做到"在状态"，具体而言，包括"在学习状态""在倾听状态""在对话状态""在思维状态""在作业状态""在成长状态"等。从语文课程而言，它主要包括日常写字、读书、习作、讨论、汇报展示、朗读背诵、课本剧表演等。

7. 典型作业，笔者认为，它主要是指整本书阅读、主题考察、参与社会实践、志愿服务、跨学科主题活动、跨媒介创意表达等。

8. 阶段性测试，是教学关键节点开展的一种过程性评价方式。它包括纸笔测试和非纸笔测试。

9. 多元主体评价，包括教师评价、学生自我评价、学生相互评价，同时也包括班主任、家长和学校管理人员等参与过程性评价。

10. 多种方式评价，可通过课堂观察、对话交流、小组分享、学习反思、信息技术手段等方式，记录学生核心素养发展的典型表现，考查学生内在学习品质的发展。

《语文课程标准（2022）》要求，过程性评价要坚持以下原则：一是要坚持有助于教与学及时改进的原则，第一学段的评价要特别重视保护学生的学习兴趣；二是要坚持统筹安排评价内容的原则，评价内容应立足重点，关注各个学段的水平进阶；三是要坚持发挥多元评价主体积极作用的原则，通过多主体、多角度的评价反馈，帮助学生处理好语文学习和个人成长的关系；四是要坚持综合运用多种评价方法的原则，增强评价的科学性、整体性，重视增值评价，关注学生个体的进步幅度；五是坚持拓宽评价视野、倡导学科融合的原则，注重校内外评价的结合，关注学生在家庭生活和社会生活中的语言发展情况。

二、依托"学段要求"，做好"教—学—评"一体化

实施过程性评价，必然要实行"教—学—评"一体化。《语文课程标准（2022）》指出："教师应树立'教—学—评'一体化的意识，科学选择评价方式，合理使用评价工具，妥善运用评价语言，注重鼓励学生，激发学习积极性。"

什么是"教—学—评"一体化呢？简单地说，就是把学习评价融入课堂教学之中，依托一定的评价量表、评价标准、评价工具，将学生的学习状态、情感态度、思维能力、目标达成等方面情况进行当堂测量的一种教与学的新范式。其框架图如下：

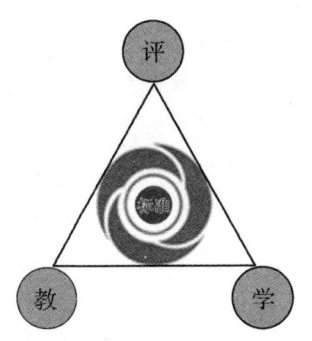

"教—学—评"一体化框架示意图

既然要"根据目标来评价教育效果"，我们该选择什么目标呢？显然，大而言之，是核心素养；而从学段而言，便应当是"学段要求"。

下面，笔者将以第四学段（7—9年级）为例，以表格的形式，简要谈谈如何依托"学段要求"做好"教—学—评"一体化。

（一）识字与写字

内容	学习目标	"教—学—评"一体化建议
识字	能熟练地使用字典、词典独立识字，会用多种检字方法。累计认识常用汉字3500个左右	随文识字，随处识字；以学定教，随文教学。定期梳理，活学活用。自评为主，他评为辅
写字	写字姿势正确，保持良好的书写习惯。在使用硬笔熟练地书写正楷字的基础上，学写规范、通行的行楷字，提高书写的速度。临摹、欣赏名家书法，体会书法的审美价值	写字姿势，教师常态观察，随机指正；书写习惯，以展览促自评、互评。书写行楷字，居中、平正、适中、匀称。临摹书法，以展览促自评、互评，提升审美价值

（二）阅读与鉴赏

内容	学习目标	"教—学—评"一体化建议
朗读与默读	能用普通话正确、流利、有感情地朗读。养成默读习惯，有一定的速度，阅读一般的现代文，每分钟不少于500字。能较熟练地运用略读和浏览的方法，扩大阅读范围	朗读，可常态化采用互评、展示的方式来促进、借鉴；默读（包括略读和浏览），既要速度，也要质量。可采用"读—说—评"相结合的方式，来螺旋式提升
课文理解	在通读课文的基础上，理清思路，理解、分析主要内容，体味和推敲重要词句在语言环境中的意义和作用。对课文的内容和表达有自己的心得，能提出自己的看法，并能与他人合作，共同探讨、分析、解决疑难问题	先学后教，以学定教，教学评相结合。教学流程可这样安排：独立学习（自评）—小组交流（互评）—班级交流（互评、师评）—整理提升（自评）。评价标准依据课文自行制订
表达方式与文学样式	在阅读中了解叙述、描写、说明、议论、抒情等表达方式。能区分写实作品与虚构作品，了解诗歌、散文、小说、戏剧等文学样式	表达方式，随文教学，随机评价。要求能辨别，能分析。写实作品与虚构作品，可从创作意图、描写对象、文实差距等角度进行辨析和区分，以此提升文学分析、鉴赏能力，提升逻辑思维能力，塑造正确"三观"。不同样式文学作品，根据各自特点进行教学评

（续表）

内容	学习目标	"教—学—评"一体化建议
文学阅读	欣赏文学作品，有自己的情感体验，初步领悟作品的内涵，从中获得对自然、社会、人生的有益启示。能对作品中感人的情境和形象说出自己的体验，品味作品中富于表现力的语言	诗歌、散文、小说、戏剧等文学作品的阅读，着重围绕作品内涵、人物形象、感人情境、情感体验、语言表现、有益启示等角度进行"教—学—评"。评价应以自评、互评、师评相结合。教案设计时，应包括学习评价，即评价量表、评价标准、评价对象、评价方法等
实用性阅读	阅读简单的议论文，能区分观点与材料（道理、事实、数据、图表等），发现观点与材料之间的联系，并通过自己的思考，作出判断。阅读新闻和说明性文章，能把握文章的基本观点，获取主要信息。阅读科技作品，还应注意领会作品中所体现的科学精神和科学思想方法。阅读由多种材料组合、较为复杂的非连续性文本，能领会文本的意思，得出有意义的结论	议论文、新闻、说明性文章、科技作品、非连续性文本，可根据各自文体、文章特点进行"教—学—评"一体化。教案设计时，应包括学习评价，即评价量表、评价标准、评价对象、评价方法等
古诗文阅读	诵读古代诗词，阅读浅易文言文，能借助注释和工具书理解基本内容。注重积累、感悟和运用，提高自己的欣赏品位。背诵优秀诗文80篇（段）	古诗文教学，应当是单篇为主、单元为辅，特别关注疏通与积累。学习评价中，应兼容诵读、疏义、积累、赏析、感悟、运用等环节
整本书阅读	每学年阅读两三部名著，探索个性化的阅读方法，分享阅读感受，开展专题探究，建构阅读整本书的经验。感受经典名著的艺术魅力，丰富自己的精神世界	整本书阅读教学，应以学生自主阅读为主。学习评价应包括阅读进度、阅读策略、序言目录、作品内容、人物形象、片段欣赏、语言艺术、有益启示、批判思维等。评价方式应以自评、互评相结合
语法修辞知识	随文学习基本的词汇、语法知识，用以帮助理解课文中的语言难点；了解常用的修辞手法，体会它们在课文中的表达效果。了解课文涉及的重要作家作品知识和文化常识	文学常识、语法修辞，坚持随文学习、分类整理、随机评价的原则。语法修辞知识，包括词的分类、短语的结构、单句的成分、复句的类型、常用标点符号、常见修辞手法等。语法修辞应根据语言文字运用的实际需要，从所遇到的具体实例出发进行指导和点拨。同时，纸笔测试与非纸笔测试相结合

(续表)

内容	学习目标	"教—学—评"一体化建议
课外阅读	能利用图书馆、网络搜集自己需要的信息和资料,帮助阅读。学会制订自己的阅读计划,广泛阅读各种类型的读物,课外阅读总量不少于260万字	以自主阅读、汇报展示、自评互评相结合。评价可包括如下方面:选择主题、制订计划、搜集信息、阅读读物(历史读物、文化读物、自然科学读物、社会科学读物等,特别是反映革命文化和社会主义先进文化的作品),养成良好习惯,积累阅读经验,达到阅读总量等

(三) 表达与交流

内容	学习目标	"教—学—评"一体化建议
交流与倾听	注意对象和场合,学习文明得体地交流。耐心专注地倾听,能根据对方的话语、表情、手势等,理解对方的观点和意图	交流与倾听,应在真实的场景中进行教学。可从注意对象、注意场合、文明得体、耐心倾听、理解意图等角度进行自评与互评
表达观点	自信、负责地表达自己的观点,做到清楚、连贯、不偏离话题。注意表情和语气,根据需要调整自己的表达内容和方式,不断提高应对能力,增强感染力和说服力	在真实的场景中表达,在真实的场景中教学。评价角度包括:充满自信、文明和谐、话题集中、表情适当、反应敏捷、调适合理、感染力强、说服力强等。评价方式包括自评、互评、师评等
讲述演讲讨论	讲述见闻,内容具体、语言生动。复述转述,完整准确、突出要点。能就适当的话题作即席讲话和有准备的主题演讲,有自己的观点,有一定说服力。讨论问题,能积极发表自己的看法,有中心,有根据,有条理;能把握讨论的焦点,并能有针对性地发表意见	在真实的场景中进行教学。以演讲为例,可结合习作训练"撰写演讲稿"教学。可从如下方面进行评价:演讲表现是否大方、演讲主题是否突出、演讲内容是否充实、演讲条理是否清晰、演讲表达是否妥帖、演讲效果是否共鸣等。评价方式包括自评、互评、师评等

(续表)

内容	学习目标	"教—学—评"一体化建议
写作基础	多角度观察生活，发现生活的丰富多彩，能抓住事物的特征，为写作奠定基础。写作要有真情实感，表达自己对自然、社会、人生的感受、体验和思考，力求有创意	相关写作教学包括"学会记事""学习抒情""学习描写景物""说明事物要抓住特征""写人要抓住特点""写出人物精神""尝试创作""有创意地表达"等。写作评价按照相应写作要求确立标准。评价方式包括自评、互评、师评等
写作技巧	写作时考虑不同的目的和对象。根据表达的需要，围绕表达中心，选择恰当的表达方式。合理安排内容的先后和详略，条理清楚地表达自己的意思。运用联想和想象，丰富表达的内容。正确使用常用的标点符号	相关写作教学包括"审题立意""怎样选材""思路要清晰""如何突出中心""文从字顺""语言简明""发挥联想与想象""抓住细节""布局谋篇"等。写作评价按照相应写作要求确立标准。评价方式包括自评、互评、师评等
实用性写作与文学写作	写记叙性文章，表达意图明确，内容具体充实；写简单的说明性文章，做到明白清楚；写简单的议论性文章，做到观点明确，有理有据；能根据生活需要，写常见应用文。能从文章中提取主要信息，进行缩写；能根据文章的基本内容和自己的合理想象，进行扩写；能变换文章的文体或表达方式等，进行改写。尝试诗歌、小小说的写作	相关写作教学包括"学会记事""写人要抓住特点""说明的顺序""观点要明确""议论要言之有据""论证要合理""学习仿写""学习缩写""学习改写""学习扩写""尝试创作""有创意地表达"等。写作评价按照相应写作要求确立标准。评价方式包括自评、互评、师评等
写作与修改	注重写作过程中搜集素材、构思立意、列纲起草、修改加工等环节，提高独立写作的能力。根据表达的需要，借助语感和语文常识修改自己的作文，做到文从字顺。能与他人交流写作心得，互相评改作文，以分享感受，沟通见解。作文每学年一般不少于14次，其他练笔不少于1万字，45分钟能完成不少于500字的习作	搜集素材、构思立意、列纲起草、修改加工等要求，应渗透到每一次写作教学，但各有侧重。专项训练包括"怎样选材""抓住细节""审题立意""布局谋篇""修改润色"等。习作次数、练笔要求、写作速度应按照课标要求落实到位。写作评价按照相应写作要求确立标准。评价方式包括自评、互评、师评等

（四）梳理与探究

内容	学习目标	"教—学—评"一体化建议
语言文字积累与梳理	按照一定的标准分类整理学过的字词句篇等语言材料，梳理、反思自己语文学习的经验，努力提高语言文字运用能力，增强表达效果	根据教学进度，分阶段梳理汉字、成语、对联、诗文、名言，梳理学过的语言现象，整理典型的语法、修辞应用实例。积极运用个人积累，努力提升文化修养。从情感与态度、过程与方法、积累与运用等角度来评价
跨媒介阅读与运用	学习跨媒介阅读与运用，体会不同媒介的表达特点，根据需要选用合适的媒介呈现探究结果	在主动阅读的基础上，理解纸质媒介与网络媒介在呈现方式、传播方式、质量保障等方面的差异。网络媒介在呈现方式上除了文字，还有视频、音频等超文本；其在传播方式上表现为周期短、速度快；在质量保障上，会呈现出良莠不齐的状况。跨媒介阅读，可丰富阅读情境，丰富审美体验，便于合作探究，便于刨根问底，但需要学会去伪存真，学会避免干扰。评价内容包括投入程度、价值倾向、技能表现、思维方式、知识获得、成果呈现等。评价方式可采用自评、互评、师评、第三方评价相结合等
文学活动与热点问题语文实践	自主组织文学活动，在办刊、演出、讨论等活动过程中体验合作与成功的喜悦。关心学校、本地区和国内外大事，就共同关注的热点问题搜集资料，调查访问，相互讨论，能用文字、图表、图画、照片等展示学习成果	按照教材或其他方面要求，自主组织文学活动，关注热点问题，开展语文实践活动。可围绕活动创意、参与态度、协作意识、过程表现、成果呈现等角度进行评价。评价方式为自评、互评、第三方评价相结合
语文主题研究活动	能提出学习和生活中感兴趣的问题，共同讨论，选出研究主题，制订简单的研究计划。能从书刊或其他媒体中获取有关资料，讨论分析问题，独立或合作写出简单的研究报告。掌握查找资料、引用资料的基本方法，分清原始资料与间接资料，学会注明所援引资料的出处	定期开展语文主题研究活动。通常情况下以小组为单位开展活动，群策群力。评价内容包括主题选择、信息搜集、知识迁移、方法运用、过程表现、报告形成、展示表现、协作精神等。评价方式包括自评、互评、师评、第三方评价

最后，需要特别强调的是，无论是识字与写字、阅读与鉴赏、表达与交流、梳理与探究中的哪种语文实践活动，都应当体现工具性与人文性统一的基本特点，都应当是在真实的语言运用情境中进行"教—学—评"一体化，遵循学生的身心发展规律，遵循核心素养形成的内在规律，突出中华优秀传统文化、革命文化、社会主义先进文化的价值取向，重视评价的正面导向作用，切实促进语文课程培根铸魂、启智增慧。

单元视角下的"教—学—评"一体化例谈

《语文课程标准（2022）》的一个最大创意是"素养为本"。同时，语文课程内容要求以任务群的形式组织与呈现，共同指向学生的核心素养发展。

在当前语文教材体例下，往往一个单元便指向一两个学习任务群。笔者认为，从单元整体出发，选择单元学习主题，设置单元学习目标，确立单元核心任务，设计系列学习活动，开发持续评价量规，开展单元整体评价，也即是单元视角下的"教—学—评"一体化，便成为新时代语文教育教学的一种现实需要。

下面，笔者将以七年级下册第三单元为例，简要阐述单元视角下"教—学—评"一体化将如何进行教学设计。

一、选择单元学习主题

选择单元学习主题，说得通俗一些，便是思考这个单元将要围绕课文及写作、综合性学习等"学习什么"。"学习什么"主要包括两个方面，一是人文主题，一是语文要素。

七年级下册第三单元共有 4 篇文章：《阿长与〈山海经〉》《老王》《台阶》《卖油翁》。其中，有小说，有散文。保姆阿长、三轮车夫老王、一生只为建台阶的父亲、"惟手熟尔"的卖油翁，无一不是平凡的小人物。然而，正是这些平凡的小人物，他们身上的勤劳、朴实、向善、务实，无不闪耀着人格的光辉，引导着读者求真、向善、尚美。因此，我们可将"小人物的真善美"作为本单元的人文主题。

同时，在本单元教学中，教师可引导学生在通读感知的基础上，再熟读精思一些重点段落，从文章标题、详略安排、角度选择等方面体会平凡人物身上的真善美，加深理解作者对"小人物"的某些情感态度；再从文章的开头、结尾以及文章的某些特别之处发现关键语句，感受文章的细腻情感与特别意蕴。这便是本单元的语文要素。

从这样的人文主题和语文要素出发，再进行练笔与习作训练，学生核心素养的提升便是水到渠成的事情了。

二、制订单元学习目标

单元学习目标的制订，乃是教者从编者意图、课标要求、文本特点、学生学情等因素出发，将整个单元的学习要求，从文化目标、语言目标、思维目标、审美目标等角度，用较为精练的语言、表现性行为进行具体的表述，以期相应目标可实现、可检测。

从编者意图看，本文的第一部分已从"人文主题"和"语文要素"两个角度，对七年级下册第三单元进行了阐述，这里不再重复。

从《语文课程标准（2022）》要求看，本单元主要包含社会主义先进文化、中华优秀传统文化两种文化主题，对应"语言文字积累与梳理""文学阅读与创意表达"两个学习任务群，因而，学习目标的制订应切合这两种主题、两个任务群的相关要求。

从文本特点来看，《阿长与〈山海经〉》体现了回忆性散文的基本特点，也就是把童年时的感受（"童年的我"）和写作时的感受（"成年的我"）交错转换，在写作手法和语言风格上呈现出欲扬先抑、风趣幽默等特点；《老王》一文，作者用恬淡而又含蓄的语言，表达出在那种特定年代里，"一个幸运的人对一个不幸者的愧怍"；《台阶》是一篇小说，以"父亲总觉得我们家的台阶低"为线索，讲述了"我"的父亲与台阶的故事，并进行了生动传神的细节描写，赞美了中国农民拼命硬干、坚韧不拔的精神，同时也引发读者关于物质追求和精神追求方面的思考；《卖油翁》一文，通过动作、语言、神态等方面的描写，表现了陈尧咨和卖油翁各自的性格特点，文章语言简洁，短小精悍，小故事中蕴藏着大智慧。

从学生学情角度看，4篇文章总体而言都比较通俗易懂。《阿长与〈山海经〉》充满了童心童趣，但如何立体地理解人物，对学生来说又有一定的难度;《老王》叙事性很强,学生对于作者的同情、尊重等情感理解起来不难,但对于文章的主旨理解起来又不是太容易;《台阶》的故事性很强,人物的性格特点也比较清晰,但这篇小说的主题概括起来似乎又有点麻烦;《卖油翁》作为一篇文言文,尽管篇幅短小、情节简单,但词句的疏通对于七年级学生而言有点难度。

根据上述内容,笔者将从文化目标、语言目标、思维目标、审美目标四个角度制订本单元的学习目标。

表1 七年级下册第三单元学习目标

角度	目标描述
文化目标	1. 体会"小人物"身上勤劳、朴实、向善、务实等性格特点; 2. 继承和弘扬中华优秀传统文化、社会主义先进文化中讲仁爱、崇正义、向上向善、自强不息、和谐互助、实践出真知、劳动创造美好生活等文化特质
语言目标	1. 积累课文里的生字新词,详见每篇课后的"读读写写",也包括《卖油翁》一文中出现的实词与虚词; 2. 学习朴实、简洁的语言风格,关注细节描写,借鉴通过人物的语言、动作、神态、心理描写来表现人物性格特点,表达作者情感态度的写作方法,能用准确的语言对文章的关键句进行点评; 3. 学会仔细观察、简要叙事,以"平凡人的大追求"为题,写一篇不少于600字的作文。注意选择典型事例,对人物细节作出生动具体的描写,表现出人物的精神世界和某种追求
思维目标	1. 从文章标题、详略安排、角度选择、欲扬先抑等方面,学习写作的思维方法,把握文章重点; 2. 抓住文章的细节描写,把握人物的性格特点和作者的情感态度,发展直觉思维、形象思维、逻辑思维,培养思维的敏捷性和灵活性
审美目标	1. 通过感受、理解、欣赏、评价文章语言及思想意义,获得一定的审美经验,培养感受美、发现美的能力; 2. 通过写作《平凡人的大追求》以及其他小练笔,培养表现美、创造美的能力,培养健康的审美意识和正确的审美观念

三、确立单元核心任务

单元核心任务,从语文课程来看,是指教师在单元视角下的"教—学—评"一体化中,所设计的一个包含本单元蕴含的正确价值观、必备品格和关键能力,以此激发学生在这个"任务驱动"下有效开展语文实践活动的学习任务。目的是引导学生"做中学、用中学、创中学",发展学生核心素养。

单元核心任务的确立应当从单元学习主题、单元学习目标出发,发掘出一个具有知识的统领性、能力的综合性、思维的深刻性、问题的情境性的"大任务"。

根据上述文字,笔者将七年级下册第三单元的核心任务确立为"为'小人物'立传"。具体而言,选取某篇课文,梳理典型事件,发掘出主人公身上向善、务实、求美的人格魅力,激发自己不断追求真善美的人生境界。

四、设计系列学习活动

语文学习活动设计,应紧扣"语言"和"思维"两个关键词,通过有语言表达、有思维深度的语文实践活动,促进学生核心素养发展。

笔者之所以这样表述,完全是依托语文课程性质做出的判断:"语文课程应引导学生热爱国家通用语言文字,在真实的语言运用情境中,通过积极的语言实践,积累语言经验,体会语言文字的特点和运用规律,培养语言运用能力;同时,发展思维能力,提升思维品质,形成自觉的审美意识……全面提升核心素养。"

关于语文实践活动,《语文课程标准(2022)》将其归类为"识字与写字""阅读与鉴赏""表达与交流""梳理与探究"4大类。在日常语文教学中,如果将"语言"和"思维"进行整合,我们可以将其设计为"通读感知类""朗读展示类""品读鉴赏类""讨论辩论类""计划策划类""写作表达类""调查报告类""导图表格类""梳理探究类"等实践活动。下面,笔者以七年级下册第三单元为例,设计系列语文实践活动。

第一课段 初识"小人物",感知"好品格"
(1 课时)

【活动设计】独自通读第三单元四篇课文,感知课文内容,完成下面表格。

表2 "小人物"的故事与品格

课文	"小人物"的故事	"小人物"的品格	初读感受
阿长与《山海经》			
老王			
台阶			
卖油翁			

【活动推进】教师谈话导入—独立阅读填表—小组交流讨论—教师点评总结—相互对标评价。

第二课段　品心爱宝书，感伟大神力
（1.5课时）

【活动设计1】品味课题，画出导图。

以"阿长"与"《山海经》"为关键词，结合课后"思考探究（一）"，画出本文的思维导图。

教师预设：

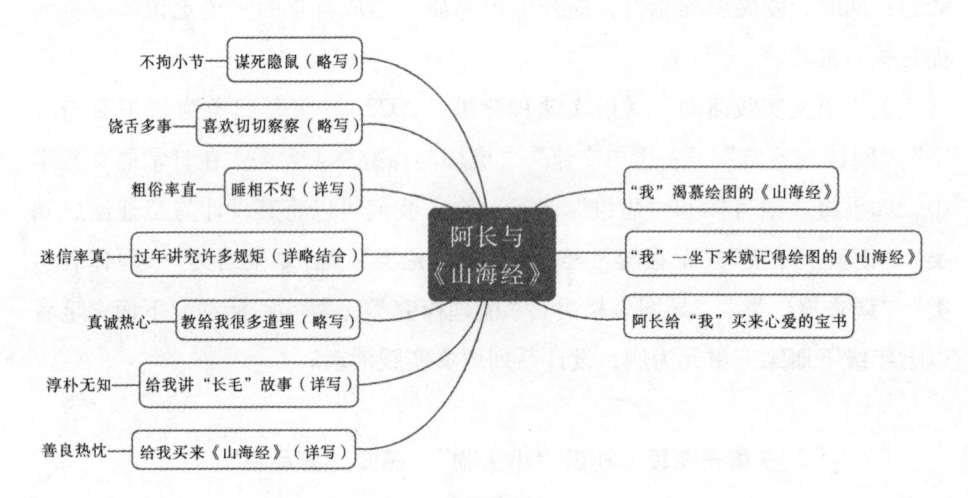

```
不拘小节 —— 谋死隐鼠（略写）
饶舌多事 —— 喜欢切切察察（略写）
粗俗率直 —— 睡相不好（详写）                "我"渴慕绘图的《山海经》
迷信率真 —— 过年讲究许多规矩（详略结合） ——[阿长与《山海经》]—— "我"一坐下来就记得绘图的《山海经》
真诚热心 —— 教给我很多道理（略写）          阿长给"我"买来心爱的宝书
淳朴无知 —— 给我讲"长毛"故事（详写）
善良热忱 —— 给我买来《山海经》（详写）
```

【活动推进】教师谈话导入—独立阅读概括—独自尝试画图—小组交流调整—学生代表发言—教师点评总结—自我对标评价。

【活动设计2】关注称谓，探究情感。

文题用"阿长"，而文末用"长妈妈"。请关注文章称谓变化，关注"我"对阿长的情感变化，并探究情感态度变化的原因，体会"成年的我"

和"童年的我"两种视角的不同。

教师预设："童年的我"一般称她为"阿妈"，很亲切；有时称这位女工为"阿长"，乃是因为其时憎恶她。

关于"童年的我"对阿长的情感态度，文中先后用了这些词："憎恨""实在不大佩服""不耐烦""非常麻烦""空前的敬意""特别的敬意""逐渐淡薄""完全消失""发生新的敬意"，以及"成年的我"对长妈妈的怀念、感激、祝愿。

"我"对阿长的态度，可谓是一波三折。之所以如此，乃是因为"童年的我"对人和事物的理解，只从童年的视角出发，对阿长的真与善以及对"我"的爱感受不全、理解不透，而"成年的我"看待人和事物的角度有了更高的站位和更宽的视角，对人间真情倍感珍贵。

从写作手法来看，本文采用了"欲扬先抑"的写作技法。

【活动设计3】由此及彼，拓展延伸。

文章倒数第2段，有这样一句，"我终于不知道她的姓名，她的经历；仅知道有一个过继的儿子，她大约是青年守寡的孤孀"，表达了作者对"小人物"阿长有一种同情和怜悯，也对"童年的我"有一种批评和懊悔。

清代俞樾在《春在堂随笔》中这样写道："元制，庶民无职者，不许取名，止以行第及父母年齿，合计为名。"没有名字的人，都是地位卑微的"小百姓"，而不知姓甚名谁者，在鲁迅的作品中还有多少呢？比如，孔乙己、阿Q、祥林嫂等。那么，作者为什么要写这些小人物呢？

大概不外乎是对"小人物"的关注和同情，对平等、温情、博爱以及真善美的呼吁吧。

【活动设计4】读读写写，积累拓展。

读读写写：憎恶　菩萨　烦琐　辫子　疮疤　诘问　书斋　霹雳　震悚　粗拙

积累拓展：课外翻阅（或网络搜索）绘图版《山海经》，试着查找关于"九头的蛇""三脚的鸟""一脚的牛"等的文字或配图，看看这些"怪物"究竟是什么。同时，大体了解这本书的主要内容，感受其神秘色彩。

第三课段　品读《老王》，品析杨绛

（1.5 课时，略）

第四课段　踏上《台阶》，读懂"父亲"

（1 课时，略）

第五课段　学卖油翁沥油，评陈尧咨射箭

（2 课时）

【活动设计 1】谈话导入。

围绕古代"六艺"（礼、乐、射、御、书、数）、关于"射"的成语（百发百中、百步穿杨、矢不虚发、一箭双雕等）等导入。

【活动设计 2】自读疏义。

（1）先不看注释通读一遍课文，把不懂的词句画出来。

（2）参考注释重读课文，画出文中描写人物神态动作的词语，体会文言文的简洁文风。

【活动设计 3】词句释义。

释义要求：解释加点词语，口头翻译句子。

（1）公亦以此自矜　　（2）尝射于家圃

（2）释担而立　　　　（4）但微颔之

（5）尔安敢轻吾射　　（6）乃取一葫芦置于地

（7）徐以杓酌油沥之　（8）惟手熟尔

【活动设计 4】复述课文。

复述要求：尽量做到既贴近原文，又生动形象。

活动推进：自我复述—同桌复述—班级（代表）复述—师生点评—当堂背诵。

【活动设计 5】分析评价。

（1）从文中找出描写陈尧咨、卖油翁二人神态、语言、动作等方面的词句，完成下表。

表3　《卖油翁》人物描写比较

角度	陈尧咨	卖油翁
动作描写		
神态描写		
语言描写		
人物性格		

（2）学完《卖油翁》后，你从中获得了哪些启示？可否应用名言来说？

教师预案：（1）实践出真知；（2）谦受益，满招损；（3）三人行，必有我师焉；（4）尺有所短，寸有所长；（5）取人之长，补己之短；（6）万物相通，万事相循。

【活动设计6】拓展延伸。

结合以下材料，谈谈你的阅读感受。

【材料1】陈尧咨善射，百发百中，世以为神，常自号曰"小由基"。及守荆南回，其母冯夫人问："汝典郡有何异政？"尧咨云："荆南当要冲，日有宴集，尧咨每以弓矢为乐，坐客罔不叹服。"母曰："汝父教汝以忠孝辅国家，今汝不务行仁化而专一夫之伎，岂汝先人志邪？"杖之，碎其金鱼。

【材料2】陈尧咨工书法，尤善隶书。其射技超群，曾以钱币为的，一箭穿孔而过。其兄陈尧叟，为太宗端拱二年状元。两人为中国科举史上的兄弟状元，倍受世人称颂。陈尧咨卒后，朝廷加赠他太尉官衔，赐谥号"康肃"。

教师预案：（1）家教角度：母贤子孝，家风育人。（2）成才角度：多才多艺，文武兼修。（3）功业角度：发奋努力，报效国家。

第六课段　为"小人物"立传，给"平凡人"作文

（3 课时）

【活动设计 1】 为"小人物"立传。

要求：从本单元中出现的"小人物"（阿长、老王、父亲、卖油翁等）中任选其一，根据各自的生平经历及品格光辉，写一篇 300—400 字的人物小传。

教师范例：

　　阿长，乃是鲁迅儿时保姆。只知其夫家姓余，而不知其本人姓氏。她生得黄胖而矮，因之前女工阿长被人叫得习惯，便尊称为长妈妈。长妈妈青年守寡，曾有一继子，但她很少回家，直到临死。

　　小主人因获悉阿长谋死他心爱的隐鼠，便憎恶于她。阿长喜欢切切察察，向人们低声絮说，让小主人不大佩服；睡相不好，让小主人实在无法可想；懂得许多规矩，却让小主人颇不耐烦；教人很多道理，而小主人却觉得非常麻烦；曾讲述"长毛"故事，让小主人对她有过空前的敬意。

　　绘图的《山海经》，让小主人渴慕已久，但始终无法得到。谁知一日，阿长告假归来，竟然带来了一本"有画儿的'三哼经'"。这让小主人为之震悚，对长妈妈发生新的敬意，认为她确有伟大的神力。

　　长妈妈做了一辈子的老妈子，因患有羊癫病，于 1899 年 4 月发病身故。她规矩繁多，却只为其主；她貌似粗俗，却宅心仁厚。鲁迅先生于 1926 年作《阿长与〈山海经〉》一文，纪念这位善良仁爱的保姆。

【活动推进】 明确任务—独立创作—班级交流—师生点评—个人自评。

【活动设计 2】 从"细节处"学习。

要求：请根据本单元写作要求"抓住细节"（教材 P71）以及本单元课文，完成以下表格。

表4　细节描写的特点与方法示例

定义		细节描写是对人物、景物、事件等表现对象的细微刻画
作用		细节描写往往能起到以小见大、画龙点睛的作用
特征	真实	如《老王》中对老王来送香油和鸡蛋时的细节描写,写出了作者当时的真切感受,让人印象深刻
	典型	
	生动	
方法	肖像描写	如《老王》中的"他面色死灰,两只眼上都结着一层翳",刻画出老王病重的状态
	语言描写	
	动作描写	
	心理描写	
	环境描写	
	……	

【活动推进】明确要求—阅读勾画—填写表格—同桌交流—班级(代表)发言—师生点评—自我评价。

【活动设计3】给"平凡人"作文。

题目: 平凡人的大追求

要求: 选取身边一位平凡人(如父母、老师、同学、清洁工、志愿者、门卫等),通过一两个典型事件,来表现他(她)的某种"大追求"。叙述时,请借用一些细节描写刻画出人物性格特征或优秀品格。不少于600字。

【活动推进】明确要求—写作构思—独立作文—典型交流—师生点评—相互修改—对标评价。

五、开发持续评价量规

评价量规，简单地说，就是对学习水平的详细描述。好的评价量规就像一把尺子，能相对准确地测量学生知识掌握、能力发展、素养提升的一种动态水平。评价量规一般包括维度、指标、等级（水平）、权重（赋分）、描述和案例等元素[1]。常态下的课堂评价，大多会根据实际情况，采用相对简便一些的量规方式。

既然是"教—学—评"一体化，那这三个环节应当是三位一体、同步推进的。也就是说，评价量规应当是在教学过程中，特别是在学生开始学习活动、学习项目之前，就应当让学生知晓，并能够依规而学、依规而做。这样，评价量规对于学生的学习便有了一种导向作用。

为了更清晰地表达，这里将结合本文的第四部分集中说明。

例一，在第一课段里，学生独自通读七年级下册第三单元的 4 篇课文，感知课文内容，完成表 5。我们可以制订出以下评价量规，以此引导学生完成此项学习活动，并相对客观地评价学生的任务完成情况。

表 5　《"小人物"的故事与品格》评价量规

评价项目	评价指标	评价 自我	评价 同桌
"小人物"的故事	1. 能以认真的态度来阅读和表达；2. 能概括主要事件；3. 表达准确、简洁		
"小人物"的品格	1. 能依据具体事件来概括某项品格；2. 能进行有效整合；3. 有一定的思辨性		
初读感受	1. 能表达自己真实的阅读感受；2. 个人感受符合文章语境；3. 表达准确、简洁		
综合评语	自评： 互评：		

注：每格单独评价。评价分 A、B、C、D 四等。A：三项指标全部合格；B：达到两项指标；C：仅达一项指标；D：无一项达标，或未填写。

---

[1] 刘徽. 大概念教学［M］. 北京：教育科学出版社，2022.

例二，在第六课段里，针对【活动设计3】给"平凡人"作文，我们可以从习作的主题、结构、选材、语言、字数、书写等角度进行评价。

表6 习作《平凡人的大追求》评价量规

项目与赋分	一等（100%）	二等（85%）	三等（70%）	四等（50%）
主题（20）	主题明确	主题比较明确	主题基本明确	缺少明确主题
结构（20）	结构合理	结构比较合理	结构不太合理	结构比较混乱
选材（20）	事例典型 细节突出	事例比较典型 细节比较突出	事例交代不清 细节不太突出	内容比较空洞 没有细节描写
语言（20）	语言通顺、生动，有真情实感	语言通顺，但情感与细节不足	语言基本通顺，但有少量病句	语言混乱，病句较多
字数（10）	达到700字	不少于600字	不少于500字	不少于400字
书写（10）	书写工整、整洁，无错别字（含错误标点符号）	书写工整，但有少量错别字	卷面不太整洁，错别字较多	书写不工整，卷面不整洁，错别字较多
互评				
自评				

注：表6中的"项目与赋分"是该项的最高分，等次按该项总分的百分比计分。比如，"主题"单项一等（100%）为20分，二等（85%）为17分，三等（70%）为14分，以此类推。

文章至此，本应进入第六部分"开展单元整体评价"。但考虑到当前教育现实，大多数学校（尤其是初中学校）往往会以"单元检测题"的形式来进行评价，而其本身也是一种很实用的教学评价，故本文不另作阐述。

单篇视角下的"教—学—评"一体化例谈

在广泛提倡"单元教学"的背景下,语文课程是否意味着应该摒弃"单篇教学"呢?如果说,认为"单篇教学"仍有存在意义的话,或者说"单篇教学"仍然属于一种不可或缺的教学方式的话,那么我们又该选择哪些课文来进行"单篇教学"呢?单篇视角下的"教—学—评"一体化又该如何设计、实施呢?本文尝试从"为何""如何""何如"三个角度,谈谈个人的看法。

一、为何:意义与价值

笔者认为,这里需要回答两个问题。

一个问题是,为何需要"单篇"?

笔者认为,在广泛提倡"单元教学"的今天,仍然需要"单篇教学",至少有三个方面的理由。

一是从教材角度看。一些经典的现代文,比如朱自清的《春》、莫怀戚的《散步》、鲁迅的《从百草园到三味书屋》、毛泽东的《纪念白求恩》、杨振宁的《邓稼先》等,它们或适合诵读累积,或适合深入探究,或适合以点带面,或适合斟词酌句,如果将其单独"拎出来",或者在"单元教学"的模式下有意识地将其作某种强化,将更利于培育和发展学生的语文核心素养。而至于许多经典的文言文,比如陶渊明的《桃花源记》、诸葛亮的《出师表》、范仲淹的《岳阳楼记》等;或是篇幅稍长的古诗词,比如范仲淹的《渔家傲·秋思》、苏轼的《江城子·密州出猎》、岑参的《白雪歌送武判官归京》等,则更适合、更需要侧重于"单篇"的教学。

二是从教师角度看。一些富有教学经验、已经形成各自教学风格、教育教学效果良好的教师，其中也包括一些特级教师、各级名师，他们在"单篇教学"上研究颇深，而且已具有融入单元甚至是融入学习任务群进行教学设计的意识与策略，若是强制性地要求他们每一个单元、每一篇课文都要进行"单元教学"，这是不是一种"强按牛头喝水"呢？

三是从学生角度看。一些基础比较薄弱的学校或班级，特别是许多农村中小学（班级），大多数学生在单篇课文的阅读和理解上都没法过关，如果统一要求实施"单元教学"，这显然是一种教条主义或形式主义。

另一个问题是，为何选择"此篇"？

这个问题，除了教师个性爱好——选择最喜欢、最有心得的"此篇"之外，我们还可以从以下三个角度来考虑。

"那一篇"。这正如上文所提及的一些经典文章，也即是用以"单篇教学"最能强化、最能促进学生语文核心素养提升的文章，如若只是将其放在"单元教学"里，恐有"泛泛而谈""蜻蜓点水"之弊。

"那一人"。也就是最能代表那位作者思想境界、文化底蕴、写作风格的文章，同时又有很大影响力的作品，比如诸葛亮的《出师表》、范仲淹的《岳阳楼记》、吴敬梓的《范进中举》、朱自清的《背影》、叶圣陶的《苏州园林》等。

"那一类"。也就是教者认为在"文本特质"方面富有代表性的文章。比如王君老师提出的"语用型"（如朱泳燚《看云识天气》）、"主题型"（如契诃夫的《变色龙》）、"写作型"（如鲁迅的《社戏》）、"诵读型"（如鲁迅的《从百草园到三味书屋》），等等。（详见《王君语文创新教学十一讲》一书）

显然，"那一篇""那一人""那一类"在许多情况下是重叠的，而这也正说明此类课文作为"单篇教学"的意义与价值所在。

二、如何：设计与实施

关于单篇课文的教学设计，这应当是大多数教师的拿手好戏。但笔者认为，在设计教学之前，应当首先要考虑，将该篇课文"拎出来"作为单篇教学，想解决什么问题，以什么样的思维方式来处理这篇课文。大体来说不外乎以下几个角度。

一是"以篇带人"。也就是通过某一篇课文的教学,让学生对该文作者的思想境界、人格魅力、语言风格等有一个较为全面的感性认知,比如范仲淹的《岳阳楼记》。笔者将其称为"点状思维"。

二是"以篇带类"。也就是通过在体裁特点、文本特质方面比较鲜明的某一篇课文的教学,让学生对该类文章(比如说明文、议论文)的基本特点能有比较清晰的把握。笔者将其称为"线状思维"。

三是"服务单元"。虽说是对某篇课文进行单篇教学,但就其目的而言,仍是要服务于该单元的"人文主题"和"语文要素",只是在对该篇课文的处理上所用的时间和精力较多。笔者将其称为"融合思维"。

四是"游离单元"。在一些时候,一些教者教学"某一篇"时,他只考虑"这一篇",而不考虑"这一单元",或只想通过"这一篇"来解决"这一篇"相关问题,比如上述的"以篇带人"(不仅仅是)。笔者将其称为"独行思维"。

需要说明的是,大多情况下,我们会选择"融合思维",也就是说,虽是"单篇教学",但在实际教学中仍然会服务该单元的"人文主题"和"语文要素"。

下面,笔者着重谈谈《语文课程标准(2022)》背景下的"单篇教学"该如何设计的问题。个人认为,教师不妨从以下三个方面着手。这里结合八年级下册《社戏》一文简要说明。

(一)素养立意,以终为始

围绕核心素养,实施语文教学,这是《语文课程标准(2022)》的基本思想。然而,核心素养不是用来放在口头喊的,而是需要教者在每一节课里,从课程内容出发,通过深入挖掘、统筹规划、精心设计来逐步落实的。唯有如此,才可能抵达课程目标,发展核心素养。下面,笔者尝试从文化自信等方面,来寻找《社戏》一文的"素养因子"。

文化自信。文化自信,通俗地说,就是自信中华文化有着旺盛而永久的生命力。从单元及本文来看,文化自信主要指向对"民俗"的自信。民俗,即民间流行的习俗和风尚。在《社戏》一文里,其习俗和风尚至少包括这些:(1)合村演社戏,用以酬神祈福、凝聚人心、文化娱乐等;(2)出嫁的女儿，未当家时，夏间回到娘家去消夏，这反映了朴实的家族（原生家庭）观念；(3) 清明扫墓，用以感念先人、追思怀远；(4) 一家的客，几乎是全村公共的，这表明村民的朴实、热情、和睦。教学设计时，教者应关注这些内容。

语言运用。语言运用大体包括对语言的积累、梳理、整合、品味、运用、热爱等。在本单元和本文中，语言运用可指向多种表达方式的综合运用、语言中蕴含的童真童趣等。比如，在叙述"夏夜行船"这件事时，作者把划船的场景、潺潺的水声、伙伴的欢笑、两岸的景物、朦胧的月色、起伏的连山、急切的心境、婉转的笛声等都融入其中，可谓是生动传神，读来让人如临其境、如闻其声、如见其人、如感其乐。语言教学时，教者可通过"朗读—整合—品味—运用"这一循环训练来发展学生的语言运用能力，培养学生对国家通用语言文字的热爱之情。实践证明，这是行之有效的，也是非常必要的。

思维能力。在语文学习中，思维能力是指分析、比较、联想、想象、归纳、判断等方面的能力。逻辑思维、辩证思维、创造思维都属于高阶思维。在教学中，教者可以从文本出发，从不同角度来培养学生的思维能力。比如，看戏前，从"叫不到船"到"找到了船"，在小说叙事中起了哪些作用？教者可引导学生从心情的抑扬、情节的起伏、乡亲的友善、伙伴的热情、给偷豆做铺垫等角度进行思考，以此培养学生发散思维能力。再比如，文末说"也不再看到那夜似的好戏了"，与文中看戏时的"疲倦""支撑着仍然看""扫兴"是否矛盾？通过分析比较，以此培养学生的辩证思维能力。还有，思考如何看待文中"偷豆"一事，也可以培养学生的思辨能力。

审美创造。在语文学习中，审美创造主要是指通过学习语言文字及文学作品来培养学生感受美、发现美、品味美，进而表现美、创造美的能力。审美创造这一素养的培育，和文化自信、语言运用、思维能力三者密不可分。比如，本文体现出来的人性美、语言美、童年生活美，便对应着上述三种素养。当然，在文章蕴涵、教学设计、学习实践中还可以发掘、欣赏、评价、表现、创造出更多的美的东西。比如，用四字短语概括文章所写事件："平桥消夏—伙伴游乐—盼望看戏—夏夜行船—赵庄看戏—偷豆吃豆—三更回家—再说吃豆"。这样，既可以培养学生的概括能力，同时还能让学生体会到、创造出汉语的精练之美和对称之美。又如，文中有许多句子，比如"到下午，我的朋友都去了，戏已经开场了，我似乎听到锣鼓的声音，而且知道他们在戏台下买豆浆喝"，通过心理描写来表现童真童趣，可以让学生以此为例，写出某次盼而不得、心猿意马的情景，以此培养学生用语言创造美的能力。

有人说，最理想的教学设计，是"以终为始"，笔者深以为然。以终为始，也就是从学习目标出发，通过逆向思维来设计教学过程，让学生在真实情境的作用下，在切实的阅读、欣赏、表达、梳理、探究中，拾级而上，抵达目标，发展语文核心素养。

（二）创设情境，以用促学

笔者认为，《语文课程标准（2022）》背景下语文教学的一个鲜明的特征，便是"创设真实而富有意义的学习情境"，而"真实情境"又源于语文学习的"真实需求"，服务于解决现实生活的"真实问题"。需要说明的是，这里的"真实"，大多是指在运用语言文字过程中的一种"拟真实"，而并非现实生活中的"真真实"。其价值在于以用促学、以学活用，让语文学习"真实"而能"看得见"地发生。

下面，笔者继续以《社戏》一文为例，就"创设情境"来做一个简要的教学设计。

情境描述：某文旅局为宣传中国传统习俗风尚，决定开展民俗短片大奖赛。请你以《社戏》一文为蓝本，以"平桥看戏"为主题，按照下列提示，给该短片写好文字脚本。

情境主题：平桥看戏。

说说环境：结合课文内容，说说平桥村地理位置、当地人谋生方式以及自然环境。如果引用文章原句，请简要说明借用该句的理由。

说说民俗：结合课文相关内容以及网络资料，介绍春赛、社戏、归省等民俗。

说说人情：结合课文相关内容，说说当地人的待客之道。

说说趣事：请用四字短语概括故事内容，比如"夏夜行船"，然后结合课文相关内容讲述两三个故事。

说说人物：请结合文章内容，说说人物的性格特点，比如双喜、六一公公。

说说感受：结合文章内容，说说这位"迅哥儿"看戏前、看戏中、看戏后，还有"现在"（1922年）的相关感受，并简要谈谈你对后者的理解。

说说本土：说完"平桥看戏"后，请以小组合作的方式，说说自己家乡的风土人情，其内容大体包括主题、环境、民俗、人情、趣事、人物、感受等，也可以根据需要适当增减。

（三）紧扣特质，以一带三

语文课程是一门工具性和人文性相统一的课程。语文教学应围绕文化自信、语言运用、思维能力、审美创造四个方面，来培育和发展学生的核心素养。这四个方面看似各自独立，其实是一个整体。笔者认为，在语文教学中，教者应从文章的特质出发，紧扣"语言运用"这个"一"，结合"文化自信、思维能力、审美创造"这个"三"，以一带三，以三促一，以此全面发展学生的语言核心素养。

《社戏》作为一篇小说，其"环境"素淡而清新，"情节"细密而紧凑，"人物"普通而多情，"语言"朴实而有味，尤其是语言运用上值得品味和效仿。

在上述教学设计中，笔者让学生在真实情境下，在文化、语言、思维、审美"四位一体"的作用下，紧扣小说特点，突出语言特色，让学生"以用促学"，力求名副其实地让语文学习、素养提升都能具有一种"可视性"。

三、何如：评价与反思

《语文课程标准（2022）》指出："课堂教学评价是过程性评价的主渠道。"笔者认为，课堂教学评价从其形式来看主要包括两类，一类是"言语评价"，一类是"量表评价"。

言语评价，是指教师、学生（相互或本人）对课堂上发生的提问、答问、板演、表演、朗读、展示等学习行为，用语言的形式进行的一种即时性评价。这种评价方式，既具有直接、便利等优势，也具有随意性、夸张性等弊端。

言语评价一般适合于学生个体的课堂表现，比如本课中"说说环境""说说民俗""说说人情"等教学环节，教师对学生、学生对学生、学生对本人便可采用这种"短平快"的评价方式。

在使用言语评价时,教师(学生)应坚持客观性、引导性、指导性、鼓励性、增值性原则,但对性格特点、身体心理、家庭背景等方面较为特殊的学生,教者在遣词造句、语态行为等方面要特别留意,要把"特别的爱送给特别的你",尽可能地避免某种"无意的伤害",乃至出现"无言的结局"。

量表评价,是指教师在课前针对某项教学实践活动,事先设计出的一种较为科学的量化评价方式。量表评价具有全面、客观等优点,但也兼具操作困难、容易过度等弊端。因而,量表评价大多是针对小组合作或学生独立完成较大学习实践活动的项目。本课中,小组合作"说说本土"环节便可采用量表评价。请看下表:

表1 "说说本土民俗风情"的评价量表

评价维度	评价标准	自评得分	互评得分
说主题	①主题鲜明 ②用词恰当 ③题文相符		
说环境	①抓住重点 ②语言得体 ③画面感强		
说民俗	①三点以上 ②详略得当 ③语言生动		
说人情	①紧扣一点 ②支撑有力 ③语言生动		
说趣事	①不下两件 ②要素齐全 ③绘声绘色		
说人物	①信息完整 ②个性鲜明 ③语言生动		
说感受	①感受真切 ②合乎情理 ③语言生动		
合作态度	①积极参与 ②妥善补充 ③按时完成		
交际修养	①认真倾听 ②用语文明 ③姿态优雅		
增值表现	①特色鲜明 ②应急得当 ③掌声热烈		
总评	优点: 不足:		

注:此评价量表,应在学习活动开始之前,让全体学生知晓其评价维度、评价标准、评价主体。每个维度,符合一点得1分,符合两点得2分,符合三点得3分,均不符合得0分。自评与互评之和,满分为60分。

一份全面、科学的评价量表,在"评价"这个功用之外,更有一种"引导"之用。这种引导作用,既是语文学习方面的引导,也是学习之外的引导,比如合作态度、交际修养等。所以,科学的评价量表具有"综合素养"的引导作用。

　　《语文课程标准（2022）》背景下的"单篇教学"反思，笔者认为，其核心应放在该文的教学是否从核心素养"出发"，是否关注了核心素养的"推进"，是否关切了核心素养的"生成"，特别是"以一带三"的智慧运作。而在这一系列过程中，创设合适的教学情境至关重要。在此基础上，教师再进行教材解读、学情分析、目标定位、问题设计、资源整合、教学评价等方面的反思。笔者认为，求真、向善、唯美，是教学反思的价值追求和价值体现。

　　当然，学生的学习反思也不可或缺。学生可结合学习态度、学习过程、学习收获等方面进行反思和完善。这里不作细说。

　　综上所述，在《语文课程标准（2022）》背景下，特别是在《语文课程标准（2022）》实施不久的当下，语文课程的"单篇教学"不可或缺。它可能是"单元教学"的亲密战友，也可能是"单元教学"的兄弟姐妹。

习作视角下的"教—学—评"一体化例谈[①]

近年来,我们围绕湖北省教育科学规划立项课题《语文核心素养下农村初中生写作素材积累的困境与对策探究》,从基础教育改革对课程提出的要求出发,基于学生语文核心素养的育人理念,着重探究如何在学生写作素材积累过程中,着力构建教师的课程观,促进学生核心素养的提升,并取得了一定的成绩。

随着《语文课程标准(2022)》的颁布,我们通过学习研究,确定在前期探索的基础上及时调整课题思路、跟上时代步伐、扩宽研究视野,聚焦于"核心素养视域下农村初中写作'教—学—评'一体化"这一论题,立足习作课堂,关注教学评价,着眼素养提升,使得研究成果更加丰厚。

本文将从"基点""支点""锚点""焦点"四个角度谈谈我们的思考与实践。

一、基点:教材与学情

基点,是事物发展的根本,反映在教育教学上,便是教育构想、教学设计、教学实施、教学评价的逻辑起点。

笔者认为,写作教学如同其他教学一样,都应当立足于两个基点。一是教材,二是学情。教材,体现了国家意志,构建了知识体系,指引了发展方向;学情,是学生年龄特征、学习态度、习惯养成、学业基础、家庭环境等与学生学习相关的一切因素的总和。教材和学情,是我们开展写作"教—学

[①] 本文系湖北省教育规划课题《语文核心素养下农村初中生写作素材积累的困境与对策研究》(2020JB276)的研究成果。课题主持程爱群,本文执笔吴再柱。原载于《中学语文教学参考》,发表时有少许改动。

一评"一体化实践与研究的出发点和着力点。

义务教育教科书初中语文共安排了36次写作训练,笔者将其适当归类,详见下表:

表1 初中语文教材写作分类表

类别	习作
记叙性文章写作	"学会记事""写人要抓住特点""写出人物的精神""抓住细节""学习描写景物""学会抒情""热爱生活,热爱写作""思路要清晰"①"怎样选材""如何突出中心""文从字顺""语言简明""语言要连贯""发挥联想与想象"
说明性文章写作	"说明事物要抓住特征""说明的顺序"
议论性文章写作	"观点要鲜明""议论要言之有据""论证要合理"
应用文写作	"新闻写作""学写传记""表达要得体"②"撰写演讲稿""演出与评议"
专项写作训练	"学习仿写""学习改写""学习缩写""学习扩写""学写读后感""审题立意""布局谋篇""修改润色""学写游记""学写故事""尝试创作(诗歌)""有创意地表达"

从上表可以看到,初中学段写作训练是一个比较完整的体系,既关注文体写作训练(特别是记叙性文章),又注重加强语言、思维、构思等方面的专项训练,同时兼顾实用性文章(应用文)的写作训练,以及小小说(学写故事)、诗歌等文学创意表达训练。在语文教学中,教师若能环环相扣、步步为营,学生收获的不仅仅是"会写文章",还将在文化、语言、思维、审美等方面齐头并进。

但是,我们也应理性地看到,农村初中学生在写作兴趣、素材积累、语言表达、谋篇布局等方面存在着诸多"先天不足",其成因大体如下:

一是大多农村家长对课外阅读的认识不足,没有为孩子购书的意识,不少学生没有养成课外阅读习惯;

二是许多农村学校语文教师习惯于陈旧的作文教学套路:告知文题—学生写作—教师批阅—课堂简评;

---

① "热爱生活,热爱写作""思路要清晰"等专项习作,教材均指向记叙性文章写作。
② "表达要得体",教材指向发言稿、邀请函、倡议书等应用文写作。

三是很多学生习惯于惰性的写作模式：看作文题—翻作文选—寻同类文—拼凑作文；

四是大多学生在大脑储存的写作素材多是一些老旧的材料，又没有写日记和积累新素材的习惯；

五是很多学生观察生活和感悟生活的能力不足，惰性的、浅层的思维习惯难以表达出新颖的、深刻的生活内涵。

长此以往，许多学生的写作兴趣不断降低，写作能力停滞不前，便造成了"怕写—懒写—怕写"的恶性循环。这便是农村初中写作教学的基本学情。

二、支点：素材与素养

"给我一个支点，我可以撬动整个地球。"这是阿基米德对支点作用的一个最经典的诠释。"支点"一词，在《现代汉语词典》中有两个义项：一是"杠杆上起支撑作用，绕着转动的固定点"；二是"指事物的中心或关键"。我们认为，素材与素养是写作的两个重要支点。

素，乃是未染色的白色丝织品；材，乃是用于建筑的木料。"素材"一方面是指"文学、艺术创作的原始材料"，另一方面是指"编纂书刊的第一手材料"。从这个解释出发，素材来源于两大方面，一是生活，包括作者本人耳闻目见的一些生活现象、亲身体验的感想感悟，也包括作者本人的日记、笔记、计划、总结，还包括作者储存在大脑中的家庭琐事、学校生活、社会实践、自然景观、个性体悟等；二是书刊，即是文章原作者记录的人事、记载的见闻、阐发的感想、论证的道理等，包括历史典故、名人轶事、醒世名言、古典诗词、经典名著、科学发现等。

大体来说，来自生活的是直接素材，来自书刊的是间接素材。相较而言，前者更具原始性、直观性、真实性特点，后者更具典型性、广泛性、权威性特点，两者兼具零散性、片段性、可用性。

一个人的写作能力的培养，说到底都是一个"建构"的过程。像王安石笔下的方仲永，五岁时"未尝识书具"，却能"书诗四句"，并且"指物作诗立就"，甚至"其文理皆有可观者"。教育常识告诉我们，方仲永只能是文学作品中的神童。一个人，没有生活的体验，没有素材的积累，没有一定的训练,又如何能"建构"起优秀的文章呢?

从建构主义角度看,写作素材的积累,是指在语文学习、日常生活中有目的地记录、思考、搜集、梳理有关材料,为自己的写作(不仅仅是写作)做好丰富的"物质"和"思想"准备。

从写作教学出发,教师如何引导学生更有效地积累素材呢?这便是我们的另一个支点——核心素养。在课题实验的前期,我们主要是引导学生围绕高中语文核心素养来积累。自《语文课程标准(2022)》出台后,我们适时调整,引导学生围绕"文化自信""语言运用""思维能力""审美创造"四个方面来建构。好在前后两个阶段都是围绕"文化、语言、思维、审美"四个关键词在运行,基本可以做到"无缝对接"。我们的主要做法是:

1. **开展读写活动,激励教师提升素养**。比如开展专家讲座、读书沙龙、同步作文、写作赛课、论文交流等活动,让语文教师在经常性的、多样化的语文活动的引领和激励下,主动提升语文核心素养,不断提高写作教学能力。

2. **通过多种途径,增强学生文化自信**。比如古诗文教学中,补充必要的文化背景;结合特定节日,举行传统文化活动;利用节假日,引导学生探寻文化遗迹,体验家乡之美;组织观看一些革命题材的影视作品或视频片段,观看央视《中国诗词大会》《经典咏流传》《朗读者》《感动中国》等文化节目,加强学生对"三种文化"(中华优秀传统文化、革命文化、社会主义先进文化)的感性认识。

3. **重视名著阅读,夯实学生语言基础**。我们对课题实验学校名著阅读的要求是"陪读·导读·真读·深读"。学生通过"课堂与课外结合、自读与导读融合"的方式,获得足量的名著阅读(特别是教材指定的必读和选读的名著),力求在语言运用方面"操千曲而后晓声,观千剑而后识器"。

4. **用好课文素材,发展学生思维能力**。结合课文教学,引导学生在遣词造句、语法修辞、立意选材、谋篇布局、插图补白等方面,通过分析与比较、归纳与综合、联想与想象、思辨与判断,培养直觉思维、形象思维、逻辑思维、辩证思维等多种思维能力。

5. **综合运用策略,激发学生审美创造**。引导学生通过吟咏诵读、咬文嚼字,品味文字之美;通过营造情境、创意表达,体味意蕴之美;通过适当点拨、构思仿写，体会章法之美；通过口语交际、实践活动，发现言行之美；通过访谈观察、描摹细节，展现人格之美；通过亲近山水、撰写游记，表现自然之美……通过上述感受美、发现美、表现美、创造美等语文活动，学生的审美创造能力便在不知不觉中滋生发展。

我们发现，立足素材和素养两个支点，做好系列读写工作，学生提高的不仅仅是写作能力，与此同步的还有眼界的开阔、品位的提高、学习动力的提升等。

三、锚点：下水与建模

锚点，其本义是网页制作中的一种超级链接，它可快速地将访问网页者带到某个指定位置。通俗地说，锚点就是中心点、链接点。在写作教学中，笔者认为，教师坚持积累写作素材，主动写好下水作文，甚至是和学生一起同步作文，并能建立一种相对稳定的、可供学生借鉴的作文模式，便是写作教学中的锚点。

笔者通过数十篇"同步作文"（同时知题、同场写作、同一要求、同步完成）以及一二十年的写作实践，形成了几种"作文模式"，比如"从一个侧面写人""带一种感悟叙事""怀一种情愫写景""分一些层次说理"，以及"从不同角度叙事"等。这为学生的写作提供了一些可供借鉴和模拟的范式。这里以写作指导课"从不同角度叙事"为例，略作说明。

文题：今年春天，我很_____

【第一感觉】遵从感觉，补充文题。

比如横线上可以填写"快乐、沮丧、伤心、幸福"等词语，并以所填词语作为文章线索。凭第一感觉简要地写出你的构思，包括文题、事件、中心等。

【名篇寻方】阅读朱自清《冬天》一文，思考可以借鉴哪些写作方法。

这里，笔者对朱自清《冬天》一文内容稍作介绍。该文选取了似乎并无关联的三个场景：（1）小时候在家里的冬夜，父亲为"我们哥儿"三个夹白水豆腐，让人难忘；（2）十多年前的一个冬夜，与朋友西湖泛舟，让人陶醉；（3）民国十年的一个冬夜，一家人在台州，其时仿佛台州甚至天地，都是空空的，而只有一家四人。文章这样作结："无论怎么冷，大风大雪，想到这些，我心上总是温暖的。"

阅读后交流感悟，比如：

从不同角度叙事，文章内容更丰富；

以某种情感为线索，形散而神聚；

以生动而细腻的描写（包括人物描写和环境描写），增强文章的画面感；

从寻常的事件中发掘不寻常的意义，文章更具人情味；

写几句个性化的语言，增强文章的活力；

一个好的开头，吸引读者的眼球；

一个好的结构，使文章条理清晰；

一个好的结尾，犹如画龙点睛……

【二次构思】仿照朱自清《冬天》写出你的构思，包括文题、事件、中心等。

【教师下水】学生代表发言，笔者交流自己的文章构思。

开头：春天，是一个播种希望的季节。一年之计在于春，勤于耕耘，不负春光，便将不虚秋日。

教学生活充实：沉醉课堂（略）；研究学生（详）。

课余生活充实：书法怡情（略）；走路健身（详）。

假日生活充实：看望老人（略）；读写相伴（详）。

结尾：充实，忙碌而不忙乱。充实，源于梦想，源于责任，源于一种淡泊的心境。

【三次提笔】学生各自写作。

通过这样的"入模—出模—建模—破模"，学生逐渐从"心中有模"到"笔下入模"，再到之后的"自我建模""不模自模"。学生的写作能力便在这样的循环往复中得到不断的提升。

如果说这部分建的是"小模"，下文建的则是"大模"，关于"教—学—评"一体化的"建模"。

四、焦点：教学与评价

焦点，从社会学来说，即是关注点。要想有效提高学业质量，其关注点在于教学与评价，用新时代教育理念来说，就是"教—学—评"一体化。

谈及这个话题，笔者首先想到的是陶行知先生的"教学做合一"思想："教学做是一件事，不是三件事"，"在做上教的是先生；在做上学的是学生""从先生对学生的关系说：做便是教；从学生对先生的关系说：做便是学""先生与学生并没有严格的分别，因此教学做是合一的"。[①] 上文所说的下水作文或同步作文，其实就是写作教学的"教学做合一"。当我们把教学与评价有机融合的时候，便是"教—学—评"一体化。

"教—学—评"一体化，用通俗的语言来表达，就是把"教（学）什么""如何教（学）""教（学）到何种程度""为什么这么教（学）"等问题进行通盘考虑、整体设计、逐步实施。显然，它的核心问题是学习目标的确立与落实。

在单元教学的背景下，笔者认为，习作"教—学—评"一体化可以采用"单元统筹—目标设置—情境创设—支架助力—独立写作—评价修改"的"写作教学六步攻略"。这里以七年级语文上册第二单元写作"学会记事"为例略谈。

第一步：单元统筹

所谓单元统筹，乃是把"写作"一并纳入本单元教学与评价之中，让"写作"服务于单元目标，甚至将其作为"核心任务"。

七年级上册第二单元把"至爱亲情"作为单元主题。从人文主题看，要让学生理解选文中亲情背后所蕴藏的情感态度、相处之道、家庭责任、文化传统等，并从中学会珍惜亲情、呵护家庭、勇于承担、传承家风。因而，该单元的写作训练可设计为写一篇讲述家庭故事、表达美好亲情的记叙文。比如语文教材"写作实践（三）"，以"我们是一家人"为题，自主立意，写一篇记叙文，字数不少于500。这样，我们就把写作训练有机融入单元教学，并服务于单元目标的达成。

第二步：目标设置

该单元的写作要求是"学会记事"。写作训练的目标应当从"学会记事"

[①] 陶行知. 陶行知教育名篇 [M]. 北京：教育科学出版社，2005.

出发，将其作为"关键能力"进行教学设计。我们可以将"明立意""写清楚""传真情""炼词句"设置为本次写作训练的目标。

明立意。比如，家庭的温暖、亲情的可贵、相互的给力、获得的启示等，都可作为立意的核心，努力避免无的放矢、生拼硬凑。

写清楚。写清楚，首先要想清楚。在写作之前要理顺事情的起因、经过、结果，并明确重点写什么，用怎样的思路来表述，努力避免思维混乱、过程断裂。

传真情。记事是为了传递情感、分享感悟，因此，写作时要学会写真实的事，传真挚的情，甚至是悟蕴藏的理，努力避免矫揉造作、无病呻吟。

炼词句。学习通过一些能够表情达意的词句，抓住一些感人的细节，把文章尽可能地写得更生动一些、鲜活一些，努力避免词不达意、粗枝大叶。

第三步：情境创设

《语文课程标准（2022）》指出，"创设真实而有意义的学习情境""语文学习情境源于生活中语言文字运用的真实需求"。这两句话，为我们写作教学创设真实的学习情境提供了思考方向。夏丏尊在《文章作法》一文中指出，写作需要关注六个问题，即六个"W"："谁对了谁，为了什么，在什么地方，什么时候，用了什么方法，说什么话。"笔者认为，写给谁看，目的何在，往往能成为写作的一种"任务驱动"。以本次习作为例，笔者这样设置写作情境：

> 新冠疫情，此起彼伏。一些同学的父母，或被感染，身心备受煎熬；或被隔离，无法挣钱养家；或亲人天各一方，彼此十分挂念。人人活得都不容易，人人都需要精神安慰。请以《我们是一家人》为题，写一篇文章，通过微信公众号或其他形式发送给父母或其他亲人，让彼此都能从中获得生活的勇气和战胜困难的信心。

通过这样的情境创设和任务驱动，学生的情感与思维大多能被激活，无话可说、无病呻吟、无的放矢的问题便可以得到较好的解决。

第四步：支架助力

支架，本是起支撑作用的构架。从教育学角度看，支架是指教者给学生提供的一些知识、方法、心理类的支持和引导，以帮助学生能够独立完成某一学习任务。大体可将其分为知识类支架、策略类支架、程序类支架、心理类支架、元认知支架等。

在写作教学中，教者可以从学情出发，为其提供立意定位、谋篇布局、材料唤醒、语言表达等方面的支架。从其形式来看，大体包括范文、提示、建议、图表等。前面所讲的下水作文（同步作文）、素材提示、语言范例都属于写作支架。为帮助学生打开思路、理顺头绪，思维导图可作为一种主打支架。针对《我们是一家人》这篇写作，我们可以设计这样一幅思维导图。

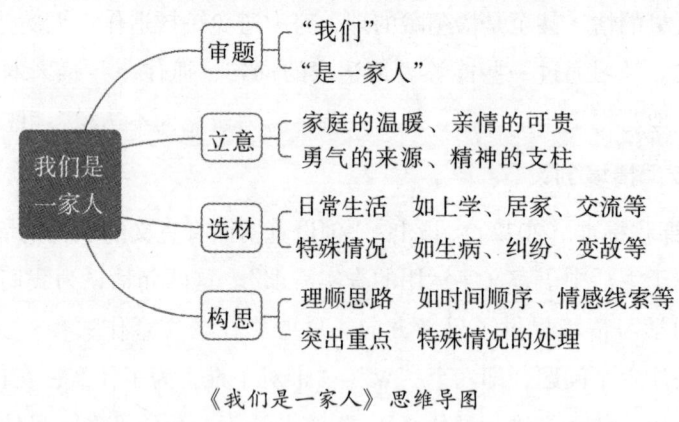

```
           ┌─ 审题 ─┬─ "我们"
           │        └─ "是一家人"
           │
           ├─ 立意 ─┬─ 家庭的温暖、亲情的可贵
 我们是    │        └─ 勇气的来源、精神的支柱
 一家人 ───┤
           ├─ 选材 ─┬─ 日常生活   如上学、居家、交流等
           │        └─ 特殊情况   如生病、纠纷、变故等
           │
           └─ 构思 ─┬─ 理顺思路   如时间顺序、情感线索等
                    └─ 突出重点   特殊情况的处理
```

《我们是一家人》思维导图

显然，如果教师注重引导，学生注重积累与家庭相关的素材，包括成语、名言、典故等文化类的素材，也包括日记、周记中记下的家庭中出现的"特殊情况""个性感悟"，这类文章写起来就会信手拈来。

第五步：独立写作

这一点只强调"独立"二字。这就意味着，写作时既不与他人交头接耳、窃窃私语，也不要翻阅作文选一类的课辅资料。只有"花叶两不见"，才能"我手写我心"。

第六步：评价修改

"教—学—评"一体化，强调的是一种"过程性评价"，它既包括"教"的评价，也包括"学"的评价；既包括学习态度的评价，也包括学习结果的评价。其评价主体根据具体情境、具体环节、具体情况而定。这里，笔者设计了两张评价表供读者参考。

表2 写作"教—学—评"一体化评价量表

教学环节	评价主体	评价指标	评价量化
单元统筹	教师自评	①结合了单元主题　②融合了课文教学	
目标设置	教师自评	①目标设置合理　②文字表述简明	
情境创设	教师自评	①情境符合实际　②情境激活思维	
	学生自评	①记忆素材被激活　②写作思维被激活	
支架助力	教师自评	①支架符合学情　②支架有助写作	
	学生自评	①能自设支架　②能助力写作	
独立写作	学生自评	①未与同学作交流　②没有翻阅作文选	
作文讲评	教师自评	①教学方法适当　②讲评针对性强	
	学生自评	①获得了一定启发　②进行了有效修改	

注：本表适用于写作教学师生过程性自我评价。每个环节均按 A、B、C 计分。A：两项指标全部合格；B：达到一项指标；C：无一项达标。

表3 记叙文写作评价量表

项目与赋分	一等（100%）	二等（85%）	三等（70%）	四等（50%）
主题（20）	主题明确	主题比较明确	主题基本明确	缺少明确主题
结构（20）	结构合理	结构比较合理	结构不太合理	结构比较混乱
选材（20）	事例典型 细节突出	事例比较典型 细节比较突出	事例交代不清 细节不太突出	内容比较空洞 没有细节描写
语言（20）	语言通顺、生动，有真情实感	语言通顺，但情感与细节不足	语言基本通顺，但有少量病句	语言混乱，病句较多
字数（10）	达到700字	不少于600字	不少于500字	不少于400字
书写（10）	书写整洁，无错别字（含错误标点符号）	书写工整，但有少量的错别字	卷面不太整洁，错别字较多	书写不工整，卷面不整洁，错别字较多
互评				
自评				

注：表3中的"项目与赋分"是该项的最高分，等次按该项总分的百分比计分。比如，"主题"单项一等（100%）为20分，二等（85%）为17分，三等（70%）为14分，以此类推。

记叙文写作，可依照上表"精确"量化，也可依照各地中考作文评分标准进行"等次"评价。完成互评与自评后，学生对照教师的讲评以及《记叙文写作评价量表》进行各自修改或相互修改。

综上所述，针对素养时代的写作教学，语文教师唯有倾情投入教学、认真总结经验、不断引入活水、勇于探索新路，在教材与学情、素材与素养、下水与建模、教学与评价等"四点研究"上用足心力，在"单元统筹—目标设置—情境创设—支架助力—独立写作—评价修改"等"六步攻略"上不断完善，才能让写作"教—学—评"一体化落地生根，让学生语文核心素养的发展行稳致远。

跋：从"学情"出发，把语文教"活"[①]

在时间的长河里，教育既没有最好的时代，也没有最坏的时代。因为，每一个时代，既有它的优点和赞点，也有它的痛点和堵点。

时代如此，学科亦然。作为一个教育者，唯有用一双敏锐的眼睛、一颗清醒的大脑、一种果敢的行动，才能勇立潮头、顺势而为、与时俱进。

教法：从"学情"出发

二十多年前，我从小学调入初中，担任语文教学。因为没有经过专业而系统的汉语言文学学习，我不时陷入深深的"本领恐慌"之中。

那时，我的想法很朴素：我的知识不如人，要想在讲台上站住脚，我必须在教学方法上有所突破。在讲台上，我常常会觉得尴尬，觉得无奈，可见我的教学方法并不能适用于学生，但我相信，我一定能找到一种适合农村学生也适合我自己的教学方法。

把课讲好，这是我最原始的教研动机。我把课文读了又读，把教参看了又看，进行着所谓的"深挖教材"，但效果并不明显。

我得另辟蹊径。我开始订阅《语文报·教师版》，阅读魏书生、宁鸿彬、颜振遥等特级教师的教育专著。一个偶然机会，从一位老师那里借得一本教育名家的文集，我如获至宝。文集里的一篇篇千字文，渗透着一位位教育名家的智慧和心血，我看了又看。一本薄薄的文集读完，我的一个笔记本被抄写得满满当当。

[①] 本文发表于《中国教育报》2023 年 2 月 17 日第 3 版《课程周刊·名师反思录》栏目。发表时有删改。

逐渐地，我似乎从中找到了一点感觉，对语文教学似乎有了点感悟。我不能墨守成规，我要在本没有路的地上踏出一条羊肠小道，我要比较系统地考虑语文教学问题。比如，怎样让学生喜欢语文？怎样让许多不敢开口说话的学生能昂首挺胸、畅所欲言？怎样在有限的时间里进行有效的师生互动？

我得找到一种较为稳定的课堂教学模式。我一边构思，一边翻阅有限的资料，一边在课堂上进行教学实验。

几个月的时间过去了，我感觉水到渠成了。于是，我用了一个周末的全部时间，完成了我的第一篇教研论文《立足农村初中现状，推进语文教学转轨——5·3·1课堂教学模式初探》。

那时，我认为："在语文课堂教学中，可以有计划地将每节课的45分钟划分为三个阶段，即5分钟的读说训练，30分钟的导读点拨，10分钟的巩固质疑。"

在文中，我从教学实践出发，就以下三个问题进行了深入的论证：一是怎样使读说训练既服务于教学，又有利于读说能力的提高；二是怎样使导读点拨30分钟既充足又实惠；三是怎样解决学生"开口难"的问题，使学生大胆提问。

现在看来，即使是在语文教材经过多次改版后的今天，我认为这种课堂教学模式仍有它的用武之地，特别是针对农村学生"口难开"的问题："营造宽松的氛围，使学生敢说；激发怀疑的意识，使学生想问；教给可行的方法，使学生能问；培养持久的兴趣，使学生善问。"

论文写成不久，恰好那年全县举行青年教师优质课比赛。我采用我的"5·3·1课堂教学模式"，主讲了一节《在烈日和暴雨下》的阅读教学课。教者大胆舍弃、长课短教，学生思维活跃、动静相宜，这堂课得到了教研员和听课老师的一致好评。这让我对教学研究有了更大的热情和更足的信心。

后来，由于学情的变化，加上导学案、小组合作学习等方式的引入，又经不断改良，我创建出其他的既适合学生又适合自己的教学模式。

写作：从"同步"出发

因为教学业绩不错，学校安排我"七升八""八升九"，没有让我"留级"。这在当时的学校里是比较罕见的。因为，那时的许多学校流行着一种做法：九年级由"把关教师"来执教。

随着年级的升高，我越发感到力不从心，特别是在写作教学方面，我几乎是束手无策。而那时，学校的公开课、示范课，甚至包括各级各类的优质课比赛，都几乎没有"作文教学课"。组织者和主讲者，不约而同地选择了回避写作教学。

我尝试去阅读语文名师的写作教学文章，也尝试到市面上去寻找"有用"的写作教辅资料。或许是因为我的阅读面太窄，抑或是领悟力不够，总之，如果将其移植到我的写作教学课堂上，我始终觉得那是在隔靴搔痒，而大多数学生的眼神也告诉我，他们是在雾里看花。

在一次寻常的语文检测时，我尝试着和学生一起做试题。基础知识做完了，时间还充足，我便开始写作文。这一写，让我冷汗直冒，我似乎根本无法下笔了！我后来将其总结为考场作文有"十难"：

动笔难，选材难，构思难，表达难，书写难；
难在懒习惯，难在无准备，难在无积累，难在笨笔头，难在钝思维。

我今天依然清晰地记得，那次检测是要求以"谅解"为话题写一篇作文。当时，我左思右想，七拼八凑，总算写成了一篇七八百字的文章。我自己并不满意，但当第二天我把这篇文章拿到课堂读给学生听时，没想到，学生们听得异常认真。等我读完后，教室里爆发出经久不息的掌声。

那一刻，我有了一种小小的满足感；那一刻，我似乎懂得了写作教学该何去何从了。

事非经过不知难。没有亲身游历，何以成为导游？没有亲自体验，何以知其艰难？没有独到的写作感受，何以有效地指导学生作文？一句话，教师只有多"做"文章，才能知其难、明其理、通其道。

既然看到了一线曙光，我就得一直沿着曙光往前走。于是，以后的每篇习作、每次检测，我都要和学生们一起写好作文。因为在一些考试检测时，师生是"同时知题、同场写作、同一要求、同步完成"的，我便将其称为

"同步作文"。

古人云:"文以载道。"在写作"同步作文"时,我自然而然地将"道"与"德"渗透其中。比如,在《生命,在玩乐中伤痕累累——写给迷恋网络的孩子们》《我想告诉你》《我的青春我做主》等同步作文里,我将自己的亲身经历和生命感悟以"文章"的形式和学生交流,还真的达到了"润物细无声"的教育目的。

就这样,在那几年里,我和学生一起完成了数十篇同步作文。写着写着,我慢慢地摸索到了一些写作门道,比如"从一个侧面写人""带一种感悟叙事""怀一种情愫写景""分一些层次说理""从不同角度叙事"等。

当然,这只是初期的"建模",但这种"建模"可以让学生由"入模"到"破模",进而"创模";并由此推而广之,让写作"与考场同步""与习作同步",逐渐地过渡到"与学习同步""与生活同步""与青春同步""与成长同步"。就这样,写作已不再是问题和难题,而是课题和选题了。

应考:从"命题"出发

无论是古代的科举考试,还是今天的中考高考,考试永远是一个"堵点"。虽然当下的中考高考早已不是当年的那种"千军万马过独木桥",但教会应考、学会应考,永远是教师和学生的必经之路和必学之技。这无须遮遮掩掩。

对于文化程度较低、专业能力不强的我来说,在刚刚进入初中的那几年里,且不说中考这种终结性评价,就连期中、期末等阶段性评价,我也常常是忐忑不安、提心吊胆。每当教师考绩出来,如果一不小心成了倒数,我便整夜整夜地失眠。再之后,我便用上了一些能"派上用场"的办法。

这样做的结果,是考绩上去了一些,师生关系、课堂气氛却紧张了许多。这样的结果,定然不是我想要的,我得另想办法。

我从市面上买了一些全国各地中考语文试题集,一套一套地浏览,一块一块地分析。经过两三个月学习和琢磨,我慢慢地发现了一些"规律"——

  一套好的试卷,它应当是阳光的、绿色的、和谐的。
  具体而言,一套好的试卷,它总有一张生动活泼的脸,能给学生以温暖和信心；

一套好的试卷，应该充满绿色，能引导学生不断读书，能促进学生持续发展；

一套好的试卷，应该是与教材、与时代、与地域相互和谐的；

一套好的试卷，在试题和学生之间，反映着符合年龄特征、符合实际水准的务实思想，诠释着"语文即生活，生活即语文"的"大语文"观念，表达着一种充满阳光、绿色的人文主义关怀，保持着一种服务至上的主体和谐。

光是解剖和分析，还是比较肤浅的，甚至是空洞的。要想上一个台阶，我必须进行原创性的命题。就这样，我让"百家讲坛"进入了我的"综合性学习"，让"感动中国"进入了我的颁奖词仿写，让"鸟巢"和"水立方"进入了我的说明文阅读。还包括那种"深层次阅读"题，我也要自己去寻找或改编合适的文章或文段，然后按照中考题型去拟出几道阅读试题，并尝试写出参考答案。

就这样，在日常生活中，我就多了一双"命题的眼睛"，比如看到一篇好文章，就想着怎么拟出一道阅读试题；看到一个好广告，就想着怎么拟出一道仿写或是品析的试题；看到一个好商标，就想着怎么拟出一道图文转换题。无形之中，自己就由一个"教书人"变成了一个"命题人"了。一些时候，我甚至把"自读课文"作为"试题"的阅读材料来实施教学。

这样做的结果，便是把应对中考的"关口"，悄无声息地前移到了每一天、每一节的"常规教学"中，而指导学生中考复习时更是有的放矢了。对于学生的中考成绩、自己的教学业绩，我不用再担惊受怕了。

再之后，无论是教哪个年级，我这双"命题的眼睛"依旧闪闪发光、炯炯有神，电视里、网络上、生活中的一些新闻、美文、轶事很自然地成了我语文课的"常客"——生活和语文，就这样水乳交融地结合在一起。用今天的话来说，这便是运用真实的生活情境来开展丰富的语文实践活动。

在这样的教学之下，融洽的师生关系、和谐的课堂气氛、学科的立德树人、课业的负担减轻都不期而至了。

"问渠那得清如许，为有源头活水来。"作为一个教育人，我们要善于用一双敏锐的眼睛，去发现或大或小的教学问题；用一颗清醒的大脑，去寻找或慢或快的解决办法；用一种果敢的行动，去追求或近或远的教育梦想。

没有最好，只有更好——愿以此共勉。